Editorial Ledoria

Desaforado amor por la palabra

CUATRO CALLES

Revista toledana de cultura para nuevos tiempos

Nº 28. PRIMER TRIMESTRE DE 2024

DIRECTOR Jesús Muñoz Romero
COLABORADORES
Alejandro Vega
Ana Isabel Barajas
Beatriz Basco
Gabriel Mora
José Luis Isabel
Mariano Martín Rodríguez
Miguel Larriba
Paco Maeso
Pedro García-Asenjo
Pedro Antonio Alonso Revenga
Santiago Sastre

Ilustración de portada: *Puente de Alcántara*, de Ernst Schiess.
Ilustración de contraportada: *Dos hombres prehistóricos fuera de lugar* (2024), de Vida Orox.

Diseño y maquetación:
Equipo de editorial Ledoria

I.S.B.N.: 978-84-19887-28-3
Depósito Legal: TO-73-2024

© De la edición: Editorial LEDORIA
* C/ Fuente del Moro, n. 6, Toledo
* C/ Conde de Casal, núm. 47
Las Ventas con Peña Aguilera (Toledo)
Teléfono: 925 25 13 81
Correo electrónico de contacto:
info@editorial-ledoria.com

Publicidad:
admin@editorial-ledoria.com
www.editorial-ledoria.com

SUMARIO

Marzo 2024

«La calidad de la tierra donde la ciudad de Toledo es asentada, es la más próspera que hay en el mundo, porque suelo y cielo no le alcanza mejor alguna región».

Luis Hurtado de Toledo.
Memorial de algunas cosas notables que tiene la Imperial Ciudad de Toledo (1576)

El ¿Entierro? del... ¿Conde o Señor de Orgaz? Reflexiones sobre la obra maestra del Greco

MIGUEL LARRIBA

El famoso cuadro del Greco que conserva la parroquia de Santo Tomé para la que fue realizado hacia 1584, es una de las obras de la pintura universal sobre la que más se ha escrito, debatido, estudiado, interpretado y vuelto a interpretar. Y, pese a ello, posiblemente también es la que más sigue dando que hablar, con nuevas aportaciones y trabajos que no paran de surgir desde los más diversos ámbitos, demostrando que se trata de una obra inabarcable, que suscita innumerables incógnitas.

El presente artículo es un intento de obtener respuesta para alguna de las muchas preguntas que nos salen al paso al contemplar el singular lienzo desde una perspectiva contemporánea y, en consecuencia, bien alejada del momento en que la obra fue creada. En todo caso, se trata de preguntas de tono menor, más cerca de la curiosidad que del rigor analítico y, por ello, apenas tenidas en cuenta por la mayoría de estudiosos e investigadores de la obra del gran pintor cretense. La pretensión no es otra que invitar al lector a reflexionar sobre la interpretación que realizamos de las obras de arte de acuerdo con la mentalidad de cada tiempo.

Los siguientes razonamientos se van a centrar en algo tan concreto como el título por el que es conocido el cuadro en nuestros días: *El entierro del Conde de Orgaz...* o *del Señor de Orgaz*. Como es sabido, por ambos nombres se le ha denominado y aún se mantiene esta dualidad, pese a que, de unos años a esta parte, se prefiere la identificación de *Señor*, y como tal aparece ya en numerosas publicaciones y referencias.

Curiosamente, a día de hoy, todavía el nombre del cuadro se presenta con las dos denominaciones en sendos carteles situados a la entrada del lugar donde se exhi-

be, aunque el más moderno de ellos, de metacrilato, parece reivindicar su vigencia frente al más antiguo, de cerámica, (véase imagen junto a estas líneas), al reproducir la figura del niño que aparece en el cuadro, señalando el nombre por el que hoy se prefiere identificar la obra como más ajustada a las circunstancias históricas a las que luego nos referiremos.

Pero vayamos por partes.

La primera pregunta que planteamos es la siguiente: ¿Lo que vemos en el cuadro es realmente un entierro?

Dicho así, esto podría parecer una broma, pues cae por su propio peso que la escena que se muestra ante nuestros ojos es la de un cadáver cuyo cuerpo cargan dos clérigos en presencia de una serie de caballeros y frailes, cariacontecidos y enlutados, y otros dos religiosos oficiantes de una ceremonia de difuntos como lo prueba la cruz funeraria que también se muestra bien visible en el extremo derecho del espectador. ¿Cómo podemos dudar de que estamos en presencia de un entierro? Y, sin embargo, no es hasta el siglo XVIII, que sepamos, que la obra del Greco aparece mencionada con tal nombre. ¿Cómo se la identificaba antes? Y, sobre todo, ¿cómo era conocida en época del Greco?

Cuatro calles

Es sabido que los títulos de los cuadros, en el pasado, no eran tan precisos como lo son ahora. Por lo general, se los identificaba por los personajes o las escenas en ellos representados, sin demasiada concisión y a veces poca exactitud también. A título de ejemplo, las famosas *Meninas*, de Velázquez, no fue obra conocida por tal nombre hasta 1843, cuando se consignó así en un catálogo del Museo del Prado. En su origen fue descrito como *Retrato de la señora emperatriz con sus damas y una enana*; en el siglo XVIII pasó a llamarse *La familia del Señor rey Felipe IV*, y más tarde, simplemente como *La Familia*.

Volviendo al cuadro que no ocupa, la referencia más antigua que de él tenemos constancia es la descripción que hace un contemporáneo del Greco, el teólogo Alonso de Villegas, cura beneficiado de la iglesia de San Marcos de Toledo, ciudad de la que era natural. Se encuentra en su libro *Flos Sanctorum*, citado en muchas ocasiones como *los Extravagantes*, pues su prolijo subtítulo reza lo siguiente: *Historia general en que se escriben las vidas de santos extravagantes y de varones ilustres en virtud de los cuales los unos por haber padecido martirio por Jesucristo o haber vivido vida santísima, los tiene ya la iglesia Catolica pues-*

Flos sanctorum, de Alonso de Villegas. Texto inicial sobre la vida de don Gonzalo Ruiz de Toledo, Señor de Orgaz. Biblioteca Nacional de España.

tos en el Catálogo de los santos, los otros, que aún no están canonizados, porque fueron sus obras de grande ejemplo, piadosamente se cree que están gozando de Dios en compañía de sus bienaventurados. De cuyos hechos, así de unos como de otros, se puede sacar importante provecho para las almas de los fieles. Colegido de autores graves y fidedignos.

Pues bien, es en esta obra, compendio de vidas de santos, impresa en Toledo en el año 1589 y que el propio Greco tenía en su biblioteca, donde, en el apartado referido a don Gonzalo Ruiz de Toledo, IV Señor de la villa de Orgaz, se cuenta el hecho milagroso atribuido en el momento de su sepelio, con la aparición de San Agustín y San Esteban. El relato está tomado de dos obras anteriores: la *Historia de Toledo* de Pedro de Alcocer, publicada en 1554 y la *Crónica de la Orden de los Padres ermitaños agustinos*, de fray Jerónimo Román y Zamora, de 1569. Alude también la obra de Villegas a las circunstancias que determinaron el pleito de la parroquia de Santo Tomé contra los vecinos de Orgaz por el impago del tributo que su señor había dispuesto en su testamento.

Por ser todos estos extremos sobradamente conocidos o muy fá-

«Os damos licencia para que en la capilla de nuestra señora de esta iglesia podáis hacer pintar con decencia el milagro que encargues»

ciles de conocer por quienes pudieran ignorarlos, no nos extenderemos sobre ellos. Sí nos interesa, como se dijo antes, la referencia que Alonso de Villegas hace al cuadro pintado por el Greco y que él mismo pudo ver recién colocado en su capilla de la iglesia de Santo Tomé, hacia 1586: «*La pintura se hizo y es una de las buenas cosas que hay en España*». También dice haber visto la licencia dada por el arzobispo Gaspar de Quiroga a la parroquia, «*y su data es en 23 de octubre, año de 1584, en que manda se pinte y ponga el milagro en la pared de la capilla al lado del altar*».

La licencia a la que alude, dirigida al párroco de Santo Tomé, Andrés Núñez de Madrid, dice textualmente: «*Os damos licencia para que en la capilla de nuestra señora de esta iglesia podáis hacer pintar con decen-*

cia el milagro que encargues sin que la pintura exceda de lo que dice el letrero antiguo que está en dicha capilla».

Ese letrero es el que escribió, en latín, el maestro Alvar Gómez por encargo del párroco en 1569, tras ganarse el pleito contra los vecinos de Orgaz, y que todavía permanece hoy en el lugar original donde fue fijado, la pared donde estuvo colgado el cuadro hasta su cambio a la contigua, en los años 70 del pasado siglo.

No obstante, se sabe que anterior a esta inscripción existió otra similar como complemento a otra pintura que allí hubo desde antiguo y que en algún momento desapareció, tal vez por su mal estado de conservación. Tenemos constancia de ello por el testamento de don Esteban de Guzmán, XI Señor de Orgaz, otorgado el 20 de enero de 1513, donde dice: «La pintura que estaba en la dicha iglesia de Santo Tomé, de un milagro que allí acaeció, tórnese a pintar como se supiere que estaba, si no se hubiere hecho cuando yo muriere, y sea adonde solía estar la dicha pintura en la capilla donde está enterrado un antecesor mío y esto cumplan mis albaceas».

Se refiere, naturalmente, a la misma capilla de la iglesia de Santo Tomé, y lo hace 75 años antes de que el Greco recibiera el encargo.

Pero de todo esto, lo que en realidad nos interesa a efectos de lo pretendido en este artículo, no es otra cosa que la denominación original del cuadro. Con un poco de atención se colige que todas las alusiones a la pintura no hacen hincapié en la circunstancia del entierro sino en la plasmación del milagro. Porque, aunque hoy no nos sea fácil verlo, la escena recreada por el Greco, como seguramente aquella otra más primitiva que se perdió, no pretendía subrayar el acontecimiento fúnebre, sino un singular y admirable prodigio celestial.

«Todas las alusiones a la pintura
no hacen hincapié
en las circunstancias del entierro,
sino en la plasmación del milagro»

Esto no somos hoy capaces de captarlo. De ahí que digamos y escuchemos decir a cuantos se acercan al cuadro o lo explican a los miles de turistas que desfilan ante él, que la escena inferior representa al difunto Señor de Orgaz siendo portado hasta la tumba por San Agustín y San Esteban. Y todo el mundo da esta explicación por buena.

tigos de la escena, toda esa galería de caballeros circunspectos, no muestran la más mínima sorpresa como cabría esperar en quienes, de repente, se encuentran con dos figuras celestiales que acaban de hacer su aparición estelar.

¿Dónde está el milagro? ¿Cómo puede ser que las referencias antes citadas nos hablen una y otra

Sin embargo, y suponiendo que ignorásemos que los clérigos portadores del muerto son dos santos, ¿qué nos indicaría su condición de tales? Porque, en realidad, lo que vemos es a un anciano obispo cargando al difunto por el tronco, la parte más pesada, y a otro clérigo joven haciendo lo propio por las piernas. Ni tan siquiera el pintor ha tenido el detalle de ornarles con una corona o aureola sobre sus cabezas, como acostumbraba hacerse para distinguir a los santos. Y los tes-

vez del cuadro «del milagro» cuando éste resulta, en apariencia, tan poco evidente?

Para hallar respuesta a estas preguntas será imprescindible que adaptemos nuestra lente, y nuestra mente, al pensamiento de cinco siglos atrás. Serán muchos los detalles que, desde esta nueva perspectiva, podamos captar del cuadro, pero nos vamos a ceñir exclusivamente a la propuesta que desde el comienzo venimos haciendo: tratemos, por tanto, de visualizar «el milagro».

Para un toledano de hace más de cuatro siglos, contemplar un entierro no debía de ser algo especialmente motivador, ni aunque se hallara tan verazmente plasmado en un lienzo. Pensemos que entonces los enterramientos se hacían en el interior de las iglesias o en sus terrenos aledaños, dentro, por consiguiente, de la ciudad. Teniendo en cuenta que la mortalidad era alta por multitud de circunstancias (enfermedades, epidemias, ejecuciones...), el trasiego de cortejos fúnebres por las estrechas calles toledanas debía de ser algo bastante frecuente y cotidiano. ¿A quién le apetecía mirar un entierro en una iglesia cuando lo tenía a cada instante ante sus ojos en vivo (es un decir) y en directo? No era, desde luego, el hecho luctuoso el que atraía las miradas de la gente. Sí lo era, en cambio, el milagro allí representado. Porque esto no se veía todos los días y aquello sí. Pero, insistimos: ¿dónde está ese milagro?

Centremos la atención en esos dos clérigos portadores del cadáver y tratemos de verlos ahora con ojos del siglo XVI.

Consideremos que, por entonces, todos los trabajos se realizaban de forma manual. Campesinos, obreros, artesanos, mercaderes... estaban acostumbrados a cargar materiales y mercancías, a trabajarlo todo con esfuerzo físico. Naturalmente que sabían lo que era cargar un objeto pesado, (no digamos ya un muerto, que también portarían con frecuencia por lo dicho anteriormente). En consecuencia, cuando uno de aquellos antepasados nuestros se colocaba ante el cuadro de la iglesia de Santo Tomé, lo primero que pensaría es que estaba viendo algo imposible de creer. Ese obispo anciano y decrépito en modo alguno podría sostener por el tronco el cuerpo de un difunto, revestido, además, de pies a cabeza, con una armadura de acero. Además, se diría, ¿por dónde lo sujeta? Porque no vemos sus manos, que deberían aparecer sosteniéndole por las axilas. Y, por supuesto, ese rostro habría de mostrar algún signo de fatiga por el sobrehumano esfuerzo. En cambio, su cara está relajada, incluso muestra una mirada beatífica dirigida hacia difunto.

En el extremo opuesto, el joven oficiante carga al muerto sujetándole por las piernas. Ahí sí

vemos una mano que aparece cogiéndole por la corva de la pierna izquierda. Esto, al menos, es lo que leemos y escuchamos en multitud de referencias y lo aseguran todos los guías que a diario explican el cuadro a los visitantes. Una mención repetida hasta la saciedad y que, sin embargo, es una grandísima y evidente falsedad. Basta fijarse en dónde está colocada esa mano para darse cuenta de que no sujeta nada. De que las piernas del difunto están varios centímetos por encima de ella. ¿Cómo es posible que el pintor cometiera un error tan burdo?

La respuesta es que no existe tal error. Esa mano está justo ahí para que el espectador se dé perfecta cuenta de que ni uno ni otro personaje están sosteniendo físicamente el cuerpo. Que éste, en realidad, se encuentra suspendido en el aire, levitando, y ellos se limitan a acompañarle con su gesto en el camino hasta la sepultura. Esto tan evidente es lo que hoy somos incapaces de ver y, en cambio, no podría pasar desapercibido para ninguno de los que vivieron hace cuatro siglos.

Esos dos personajes que, de haber sido humanos, jamás podrían aguantar un cuerpo inerte revestido con una pesadísima armadura, son capaces de hacerlo porque se trata de dos santos que acaban de bajar del cielo. ¡Ah! ¡Para ellos, sí es posible!

¿A que ahora sí vemos el milagro? ¿A que ahora el entierro ya queda en un segundo plano? ¿A que semejante trámite doloroso y cotidiano palidece ante un acontecimiento extraordinario y sobrenatural?

La mano del niño que aparece arrodillado a la izquierda señala claramente hacia el brazo de San Esteban, uno de los caballeros hace lo propio, marcando con el gesto de su mano el esfuerzo incomprensible del anciano portador del pesado cuerpo yacente. Sutiles señales que parecen colocadas ahí para que nos demos cuenta nosotros, las gentes que, varios siglos más tarde no seremos capaces de captar un milagro tan ostensible.

El Señor Conde

Pasemos ahora al segundo de los interrogantes que nos planteamos al comienzo. ¿Es más correcto hablar del *Conde* o del *Señor de Orgaz*?

Tradicionalmente, y hasta hace unos cuantos años, se ha venido identificando el cuadro como *Entierro del Conde de Orgaz*. Así se refieren a él autores desde el

«*Sutiles señales parecen colocadas ahí para que nos demos cuenta nosotros que, varios siglos más tarde, no seremos capaces de captar un milagro tan ostensible*»

———

siglo XVIII, aún sabiéndose que el personaje protagonista de la obra, el ya reiterado caballero don Gonzalo Ruiz de Toledo, no era conde sino señor de la villa de Orgaz.

Según refiere la bien documentada página web villadeorgaz.es, de la que es autor Jesús Gómez Fernández-Cabrera, «*El Señorío de Orgaz fue una merced creada en 1220 por Fernando III, el Santo, a favor de Ferrán Yuanes beni Abd el Malik (o de Alfarilla), bisabuelo de don Gonzalo Ruiz de Toledo, IV Señor de Orgaz, el personaje central del cuadro de El Greco. Los antecesores de don Gonzalo, de origen mozárabe, debieron instalarse en Toledo hacia mediados del siglo XII, y pronto hicieron méritos suficientes para que, de* una forma u otra, el rey les hiciese merced de una villa tan importante como Orgaz y les otorgase cargos como el de alguacil mayor de Toledo. El título de Conde de Orgaz no existió hasta que en el año 1520 el rey Carlos V se lo otorga al Señor de Orgaz, don Álvaro Pérez de Guzmán y Mendoza, quien será el I Conde de Orgaz».

Por consiguiente, cuando en 1586, unos dos siglos y medio después de la muerte de Señor de Orgaz, el Greco pinta su famoso cuadro, don Álvaro «goza-ba del suficiente reconocimiento social para que a su antecesor se le aplicara por extensión el título de conde, que en esos momentos ya poseía la familia. Este es el origen de la confusión».

Sin embargo, no parece que esta pretendida confusión se produjera en el momento en que el Greco recibe el encargo de pintar el cuadro, pues en el contrato se establece claramente que «en el lienzo se ha de pintar una procesión, (y) cómo el cura y los demás clérigos que esta-

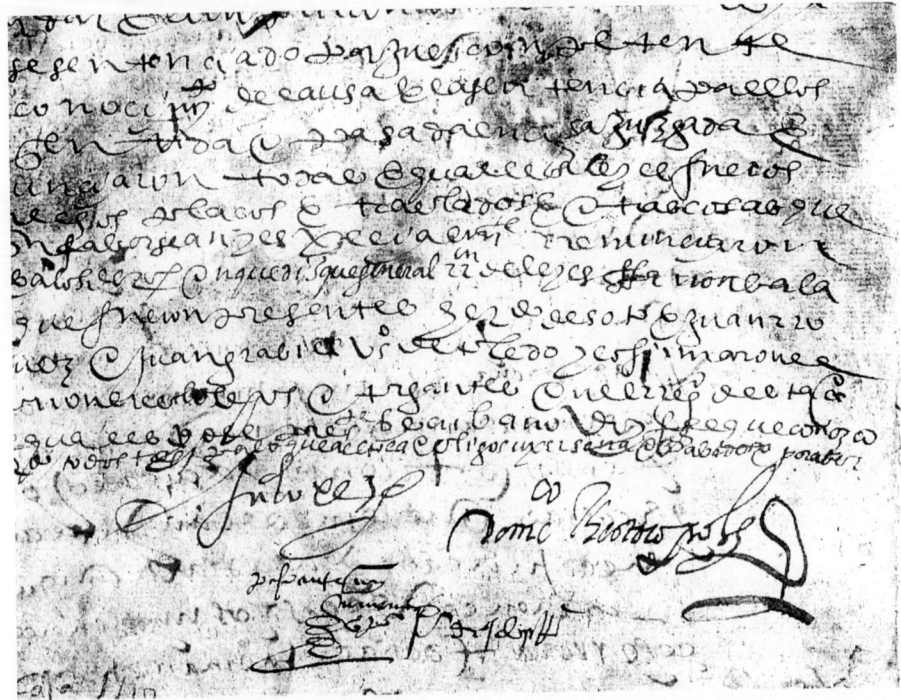

Contrato con la Iglesia de Santo Tomé, con la firma del Greco. Archivo Histórico Provincial de Toledo.

Cuatro calles

ban haciendo los oficios para enterrar a don Gonzalo Ruiz de Toledo, señor de la villa de Orgaz...». Es decir, la identificación exacta del personaje estaba fuera de duda en aquel momento y debió de ser más tarde que pasara a sustituirse por la de Conde de Orgaz, sin haberlo sido nunca, sólo porque el condado de la villa ya estaba suficientemente arraigado y no parecía adecuado «degradarlo» aunque fuera a costa de un lejano antepasado.

De todos modos, en la interpretación que aquí nos proponemos hacer, estos pormenores, aún siendo de interés, no han de resultarnos demasiado útiles pues, una vez más, nos vamos a ceñir a lo que «nos dice» el cuadro.

Recapitulemos: Tenemos el encargo de pintar un lienzo donde se plasme el milagro de la aparición de San Agustín y San Este-

«Pisa habló de la singular obra anticipando lo que, andando el tiempo, sería el boom turístico que hoy conocemos»

ban en el entierro del virtuoso caballero, acaecido dos siglos y medio antes. En el contrato ya aludido, al Greco se le marca claramente lo que ha de pintar en la parte baja del lienzo (los dos santos con el cuerpo del caballero. «el uno teniéndolo de la cabeza y el otro de los pies, echándole en la sepultura, y fingiendo alrededor mucha gente que estaba mirando»), aunque se omite todo detalle de lo que ha de verse en la parte superior donde se indica sólo que «encima de todo esto se ha de hacer un cielo abierto de gloria.»

Como sabemos, estas indicaciones no fueron obstáculo para que el pintor hiciera una interpretación libre en la composición de los detalles, el más sorprendente de los cuales es, sin duda, la incorporación de una galería de retratos de personajes contemporáneos suyos que causó gran admiración en su tiempo. Como resaltó Pisa hablando de la singular obra, en los manuscritos de la segunda parte de su *Historia de Toledo*, anticipando lo que, andando el tiempo, sería el boom turístico que hoy conocemos, «vienenla a ver con particular admiracion los forasteros, y los de la ciudad nunca se cansan, sino que siempre hallan cosas nuevas que contemplar en

ella, por estar allí retratados muy al vivo muchos insignes varones de nuestros tiempos.»

Es decir, el Greco actualiza un acontecimiento remoto, y por ello casi borrado de la memoria colectiva, para traerlo a su tiempo y que sus coetaneos lo perciban como algo próximo, susciptible de producirse también en ese mismo momento. No es ninguna novedad en su proceso creativo. Ya lo había hecho unos años antes en *El Expolio* de la catedral de Toledo al mostrar a los que increpan a Jesucristo vestidos con ropajes y elementos propios del tiempo en que se pinta el cuadro. De alguna manera, el mensaje que se pretende trasladar al espectador parece claro: A Jesús lo mataron hace muchos siglos, pero hoy también estamos haciéndolo nosotros.

Es el mismo que se propone en el *Entierro*: Este milagro, que tuvo lugar hace más de dos siglos, podría producirse también hoy, perfectamente, si se dieran las condiciones para ello; si alguno de vosotros, espectadores de nuestro tiempo, llegase a alcanzar las virtudes y méritos de aquel virtuoso y caritativo caballero.

Tengamos también en cuenta que la misión fundamental de las obras de arte, en ese tiempo, no es otra que la de motivar en el espectador las ganas de rezar, tal como quedó establecido en el concilio de Trento.

En consecuencia, la pintura nos muestra no un entierro del siglo XIII sino de finales del XVI, con una escenografía que sin duda no les era extraña a los espectadores de su tiempo. Y, para hacerlo todavía más creible, con unos personajes que todos conocían, con los que podían cruzarse por la calle a diario o coincidir en cualquier acontecimiento social o religioso...

Esto nos plantea la siguiente duda: Si lo que nos muestra el cuadro es el entierro de un caballero contemporáneo del Greco, identificado con la Casa de Orgaz, inevitablemente ha de tratarse de un Conde y no de aquel Señor cuyo recuerdo aparece tan lejano. En consecuecia, y como colofón final, hemos de reconocer que no sería erroneo identificar la obra con el título del *Conde de Orgaz* que, por otra parte, ha sido el que se ha utilizado, al menos durante más de dos siglos, sin que a nadie le pareciera un disparate.

La Infantería en la capilla de la Virgen del Sagrario

JOSÉ LUIS ISABEL

Si nos adentramos en la capilla de la Virgen del Sagrario hasta colocarnos próximos a su imagen, y levantamos la vista por encima de ella, podemos observar un arco de medio punto bajo el cual aparece enmarcado algo difícil de describir por la distancia a la que se encuentra. En ese lugar había estado colocada con anterioridad la imagen de la Virgen, antes de descenderla al espacio que hoy ocupa.

Durante mucho tiempo no se supo qué era lo que había bajo una lámina de cristal ennegrecida por el humo de las velas que durante largos años se habían consumido iluminando el altar de la Patrona de Toledo.

Al llegar 1992, se organizaron los actos de conmemoración del I Centenario de la proclamación de la Inmaculada como Patrona de la Infantería Española.

Cien años antes se había decidido que fuese a la Inmaculada Concepción a quien se dirigiesen los infantes pidiendo auxilio en momentos difíciles, y con tal motivo se organizaron diversos actos en Madrid: retreta, misa solemne, festival y comida extraordinaria para la tropa, banquete para la oficialidad y la composición de una Salve en homenaje a la Virgen.

La letra de la Salve le fue encargada al entonces cardenal primado don Antolín Monescillo y Viso, mientras la música fue obra del entonces director de la Orquesta del Teatro Real, Luigi Mancinelli.

El 7 de diciembre de 1892 tuvo lugar en la iglesia de San Francisco el Grande de Madrid una ceremonia religiosa en la que el coro y orquesta del Teatro Real, compuesto por más de doscientas personas, interpretó la Salve de Monescillo.

Como muestra de agradecimiento, el Arma de Infantería regaló al cardenal un artístico cua-

Sobre la imagenn de la Virgen del Sagrario, el cuadro de 1892. Abajo, el cardenal Monescillo y el maestro Luigi Mancinelli, autores de la letra y música de la Salve, respectivamente.

dro, que no tardó en ser colocado en un lugar preeminente de la Catedral: la Capilla de la Virgen del Sagrario.

El tiempo hizo que tanto la partitura musical como el cuadro de la Salve cayesen en el olvido, hasta ser descubiertos en 1992. La partitura, tras una intensa búsqueda en los archivos musicales de España e Italia, fue encontrada en la Academia de Santa Cecilia de Roma, y una copia fue enviada a la Academia de Infantería, en cuyo museo se conserva.

En cuanto al cuadro, en la Catedral no había datos sobre su paradero, hasta que, tras mucho indagar, fue descubierto en el lugar que hoy sigue ocupando. Se procedió a cambiar el cristal que lo protegía y quedó así a la vista del público, aunque la gran araña que pende del techo lo dificulta bastante, bastando con que se elevase un poco para facilitarla.

En 1992, con ocasión del Centenario, se pretendió repetir lo hecho tiempo atrás, y se pidió al cardenal don Marcelo González Martín que escribiese una nueva Salve, como así hizo, a la que dio el título de *Oración del infante a su Patrona*.

No era el Ejército del momento tan rumboso como el de 1892,

por lo que no fue posible ponerle música a la Oración ni tampoco se pudo contratar a un coro y orquesta para que interpretase la Salve de Monescillo y, para completarlo, el regalo que se hizo a don Marcelo dejó mucho que desear.

Descripción del cuadro de 1892

El fondo del mismo está formado por una pirámide truncada rectangular de 110 centímetros por 92 de base y 18 de altura, forrada de terciopelo carmesí, sobre cuya base superior se asienta una plancha de plata de ley mateada, de 36 por 22 centímetros, en cuya superficie está cincelada con rigurosa exactitud de caracteres la Salve, y la reproducción de la firma usual del cardenal Monescillo, junto con la del sello mayor de sus armas y dignidad con que se autorizan los actos de Cámara y Gobierno. Rodea la pirámide un rectángulo de nogal, cuyo corte es un baquetón grueso entre dos filetes planos, sobre el cual se muestran prendidas simétricamente, de extremo a extremo, varias hojas de plata imitando a roble.

El decorado del cuadro es todo de plata, alternando el color dorado con el blanco de este metal y el oscuro del fondo, todo ello

Detalles del cuadro de 1892

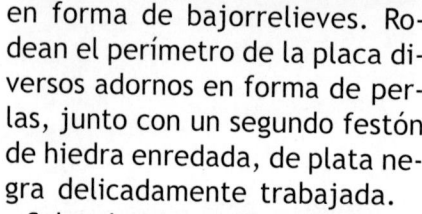

en forma de bajorrelieves. Rodean el perímetro de la placa diversos adornos en forma de perlas, junto con un segundo festón de hiedra enredada, de plata negra delicadamente trabajada.

Sobre las caras de la pirámide otros adornos de gusto más moderno; el del lado derecho está partido por un círculo, en el que figura el año de la dedicatoria, y el de la izquierda por otro que contiene el escudo de la Infantería.

Sobre el festón exterior que rodea a la plancha de la Salve se destaca el busto de Su Eminencia, ostentando el sagrado pectoral, junto con el báculo y la cruz primacial, colocados a uno y otro lado del mismo. Corona el busto una banda matizada de los colores nacionales, en cuyas ondulaciones se puede leer: «*El Arma de Infantería al Emmo. e Ilmo. Sr. Cardenal Monescillo, Arzobispo de Toledo*».

En el ángulo izquierdo superior se puede observar una cartela sostenida por dos leones, de los que el más externo envuelve su melena en los pliegues de la bandera; en el centro de la cartela se encuentra un medallón de plata con una imagen de la Inmaculada apoyada sobre nubes, rodeada por haces de tres banderas, e irradiando destellos en todas direcciones; cubre esta composición una corona real. Ramos de laurel y roble que nacen de un escudo nacional situado en el ángulo superior derecho, se cruzan con la rama de una palmera que surge del medallón de la inmaculada. Los cuatro ángulos del cuadrilátero están enmarcados por las cabezas de otros tantos leones, implantadas en cuadrados de nogal.

Esta obra fue realizada en los talleres de B. Gómez, en Barcelona, habiendo sido valorada entonces en una cantidad próxima a las 10.000 pesetas.

El cuadro de 1992

Para agradecer al cardenal don Marcelo la Salve que compuso, se encargó un cuadro que, en un principio, se pensó que tuviese el mismo valor artístico que el de cien años antes, pero no pudo ser así por no disponerse de dinero para ello.

Fue una sencilla placa de acero adornada en sus ángulos superiores con el escudo del cardenal y el de Infantería, sobre la leyenda: «*El Arma de Infantería al Emmo. y Rvdmo. Sr. Cardenal Primado D. Marcelo González Martín, en agradecimiento por la oración por él compuesta con motivo de la celebración del I Centenario de la proclamación*

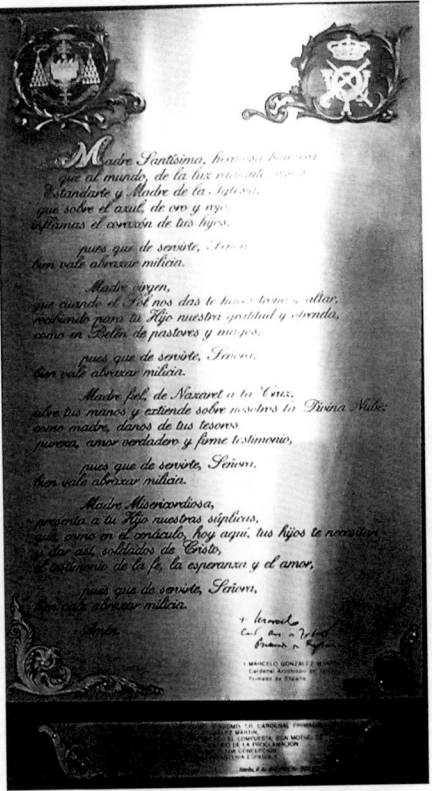

de la Purísima e Inmaculada Concepción como Patrona de la Infantería española. Toledo, 8 de diciembre de 1992».

El cuadro, salido de los talleres de Espadas Bermejo, fue colocado en el muro lateral izquierdo de la antesala de la capilla de la Virgen del Sagrario, donde hoy en día se puede contemplar.

FERNANDO MARTÍNEZ GIL
«El afán de ensalzar lo nuestro, a veces nos pierde»

SANTIAGO SASTRE

Fernando Martínez Gil es una autoridad, un maestro de los grandes, en su triple faceta de profesor, escritor e historiador. Se ha dedicado a la enseñanza toda su vida y por él han pasado muchas generaciones de estudiantes en la Facultad de Humanidades de Toledo. Tiene lo mejor que le puede pasar a un profesor: el reconocimiento unánime de los alumnos, por su entrega pasional y por transmitir su sabiduría. Sé de buena tinta que muchos alumnos se sienten orgullosos de haber recibido sus enseñanzas.

Como escritor, me marcó su libro de denuncia de la contaminación del río Tajo, cuyo mensaje sigue vigente, titulado *El río de los castores*, con el que ganó el premio Nacional de Literatura Infantil en el lejano 1979. Después han seguido muchas novelas de las que destacaría dos aspectos: su desbordante imaginación (tiene maravillosas novelas de aventuras) y un excelente manejo de la prosa con el que consigue engatusar al lector. Una novela de Fernando Martínez Gil es una garantía de disfrute o entretenimiento, sin perjuicio de que también se aprenda mucho.

Como historiador, sus libros son referentes imprescindibles en temas como los comuneros, el Corpus y el cine relacionado con Toledo. Es autor de dos libros sobre la historia de Toledo que permanecerán en el tiempo y se convertirán en clásicos: *La invención de Toledo* y *Una historia de Toledo*. Muchos historiadores cuentan la historia con una montonera de datos y fechas y con una prosa farragosa, pensando sobre todo en los historiadores. Fernando Martínez Gil explica la historia con una enorme capacidad de síntesis, con un gran sentido crítico y con un estilo elegante que hace que la lectura sea gustosa. El sentido crítico a la hora de afrontar la historia de Toledo es fundamental, pues muchas veces se mezclan las churras con las merinas, se envuelve la veracidad de los hechos con el papel de la tradición, las leyendas y la mirada deformadora de la ideología. Esta visión desmesurada o hagiográfica de Toledo la abordó en su divertida novela *Historia verdadera de la esclarecida ciudad*, en la que unos ilustres académicos, con el asedio del Alcázar como telón de fondo, refugiados en el palacio de los condes de Rocamora, se proponen escribir la «*verdadera y definitiva*» historia de Toledo.

Cuando hablo con Fernando Martínez Gil le hago saber que

soy un lector empedernido de su obra, que me parece de un valor excepcional. Sin embargo, él deja clara su postura humilde y algo pesimista acerca de todo lo que ha hecho. Dice que le ha costado mucho publicar, guarda algunos libros inéditos y piensa que sus estudios no han sido leídos o no han tenido la repercusión que deberían haber tenido. Intento sacarle de las arenas movedizas del pesimismo echándole una cuerda que consiste en sacar de mi mochila un montón de libros suyos para que me los firme. «¿Pero te has leído eso?», me pregunta extrañado. Por supuesto. Los abro y le enseño mis subrayados y anotaciones. Con esto quiero decirle que su obra ocupa un papel muy importante en mi biblioteca. Y en la de muchos lectores más.

Fernando Martínez Gil me insiste en que no puede dejar de escribir. Se siente mal si no escribe. La lectura (es un devorador de libros) y la escritura son su vida.

—*Me gustaría que me hablaras de tus padres, de cómo fue tu infancia y de cómo era el barrio en el que viviste.*

—Nací en plena judería, frente a la sinagoga de Santa María la Blanca. Desde mi terraza se divisaban (ya no) la torre de Santo

«Tuve la fortuna de crecer en un hogar-biblioteca en el que aprendí a amar la literatura y los libros»

Tomé y las cresterías de San Juan de los Reyes. Y muy cerca disponía de excelentes campos de juego: el parque del Tránsito y, mejor aún, los rodaderos que bajan hacia el río, un auténtico paraíso para los muchachos un poco asilvestrados que éramos.

Tuve la fortuna de crecer en un hogar-biblioteca: un hogar en el mejor de los sentidos gracias a la desprendida entrega de mi madre; y una biblioteca que reunió mi padre y en la que descubrí y aprendí a amar la literatura y los libros. También tengo muchos recuerdos ligados al teatro, no sólo porque mi padre era escritor y director del grupo de teatro *Pigmalión*, sino porque por mi casa pasaron autores como Carlos Muñiz, Lauro Olmo, José Monleón, José Ruibal o George Wellwarth. Como decíamos entonces, por un célebre programa televisivo, vivíamos en la «casa de los Martínez».

—¿Cómo recuerdas tu vida universitaria en la Universidad Complutense de Madrid? Supongo que ahí se fraguó tu decisión de dedicarte a la Universidad.

—Mis recuerdos se reparten entre Toledo y Madrid. En nuestra ciudad pude comenzar la carrera de Historia, que era mi vocación desde niño, y en el viejo Centro Universitario ubicado en el palacio Lorenzana tuve la inmensa fortuna de coincidir con una excepcional generación de compañeros, algunos de los cuales siguen siendo mis mejores amigos.

El segundo ciclo, en efecto, lo cursé en la Universidad Complutense de Madrid, aunque de forma un poco atropellada, pues estudié a la vez las especialidades de Historia Moderna y de Antropología y Etnología de América, una materia y una cultura que me atraían de forma irresistible. Aunque luego me dediqué profesionalmente a la historia, siempre agradecí esa formación antropológica y americanista, que me ayudó a comprender la historia de una forma distinta y mucho más completa. Lo que más me gustaba era, pues, la historia, los libros y la enseñanza, o sea, el transmitir la cultura y el saber; y supongo que la mejor posibilidad estaba en el mundo universitario. Comencé a pensar así en mi tesis doctoral, en la que me dediqué a estudiar una temática histórica pero también muy antropológica: las actitudes ante la muerte.

—*Han pasado casi 45 años de tu libro* El río de los castores. *Me temo que la situación del río no ha cambiado nada desde entonces, debido al trasvase y a la contaminación. ¿Cómo ves la situación? ¿Eres optimista en pensar que algún día el Tajo será verdaderamente un río con un caudal suficiente y limpio?*

—Sí, ha pasado casi medio siglo, tanto que me cuesta pensar que fuera yo el que lo escribiera, pero la inquietud que me llevó a imaginar aquella historia sigue estando presente, y aún de forma más acentuada, en el yo que soy ahora. En una sociedad que únicamente valora lo nuevo y lo último este libro es ya cosa del pasado, pero desgraciadamente el tema de que trata es más actual que nunca, ya no sólo por la contaminación de un río (el Tajo continúa enfermo cinco décadas después) sino por la degradación climática que estamos

F. Martínez Gil

EL RIO DE LOS CASTORES

1er. Premio Nacional de Literatura Infantil 1979

Noguer

«*En una sociedad que solo valora lo nuevo y lo último, este libro es ya cosa del pasado pero, desgraciadamente, el tema de que trata es mas actual que nunca*»

provocando en el planeta, que es nuestra casa y del que dependemos completamente. No veo ni voluntad política para solucionar el problema (sólo se entienden los ríos y la naturaleza para explotarlos y esquilmarlos) ni suficiente voluntad ciudadana (estamos demasiado apegados a las comodidades que nos ofrece, a algunos, el capitalismo). Pero me niego a resignarme al pesimismo. Me definiría como un optimista por desesperación. Mi postura es la misma que la de los versos que abrían *El río de los castores*: «Decir soy realista es muchas veces reconocer la propia cobardía. ¡Siempre adelante! ¡Esta es la única esperanza!»

—En tu obra han tenido mucha fuerza dos aspectos: el de la literatura y el de la historia. Me gustaría que me contaras cómo han convivido estas dos disciplinas, si ha vencido la historia o han quedado en tablas. No sé si echas de menos haberte dedicado en profundidad a una de ellas. De todas formas, no sé si consideras que la literatura y la historia tienen un importante parentesco, en el sentido de que la historia se hace a partir de un discurso narrativo (como la literatura) y la literatura también nos aporta muchos datos históricos.

—Para mí son dos vertientes inseparables de la actividad intelectual. Escribir es vivir en otros personajes y en otros tiempos a los propios, cosa que también pretende la historia. Lo ideal habría sido compaginar ambos mundos, pero a veces me resultó difícil. En tiempos hube de postergar la literatura para conseguir metas académicas, y ahora he dejado la investigación y me ocupo en escribir lo que la imaginación me dicta. En cualquier caso, la historia ha aportado mucho a mi literatura y viceversa. Escribir historia significa comunicar conocimientos, y para ello hay que esforzarse en escribir bien y no sólo para tres o cuatro iniciados; y la investigación es necesaria para documentar una historia, por ficticia que sea, y narrarla de una forma rigurosa y verosímil.

—Ya dedicaste tu tesis de licenciatura a las Comunidades de Castilla. En este tema has profundizado después con distintos

«*Escribir historia significa comunicar conocimientos, y para ello hay que esforzarse en escribir bien y no sólo para tres o cuatro iniciados*»

estudios, incluyendo biografías exhaustivas de Juan de Padilla y María Pacheco. ¿Crees que una lectura ideológica del movimiento comunero ha impedido ver su verdadera propuesta acerca de la organización del poder político? ¿Qué enseñanzas del movimiento comunero podríamos rescatar para nuestro ahora?

—Lo que me fascina de la historia de las Comunidades es que constituye un microcosmos de toda nuestra historia moderna y contemporánea. Es un tema historiográfico que todavía está envuelto en la polémica porque sigue vivo y tiene mucho que decirnos a los ciudadanos que vivimos en una España que no ha solucionado sus problemas territoriales y políticos, y que podría haber sido distinta de haberse desarrollado los acontecimientos de otra manera. Es significativo que los comuneros han sido una referencia para todos aquellos movimientos de progreso que han jalonado nuestra historia desde el siglo XVIII: la Ilustración, el liberalismo, la Segunda República y la oposición al último franquismo. Toledo es una ciudad muy conservadora y apegada a sus tradiciones. Quizá por eso apenas ha querido recordar en su V centenario los hechos históricos de los que, lo quiera o no, fue

«Toledo ha renegado de una parte fundamental de su historia. Con su olvido ha renunciado a convertirse en una referencia mundial en la historia del cambio político»

instigadora y protagonista. Cuesta conmemorar acontecimientos que puedan significar conflicto, rebeldía, movilización y cambio, con la renuncia que ello supone a tratar de mejorar la realidad. Lamentablemente, Toledo ha renegado de una parte fundamental de su historia. Con su olvido ha renunciado a convertirse en una referencia mundial en la historia del cambio político.

—Tengo curiosidad por saber qué fue lo que te llevó a estudiar el tema de la muerte en distintos períodos históricos. Ahora se destaca que del mismo modo que hay que saber vivir (como ya señalaban los estoicos), también hay que saber mo-rir. No sé si estudiar el tema de la muerte te ha hecho reconsiderar o concebir la muerte de otra manera. ¿Qué te aportó analizar el asunto de la muerte en esos períodos históricos?

«Puede parecer un tema morboso, pero es precisamente la existencia de la muerte la que nos hace valorar la vida y amarla»

—Puede parecer un tema morboso, pero es precisamente la existencia de la muerte la que nos hace valorar la vida y amarla. La elección de este tema se explica por mi formación de antropólogo. Ya siendo estudiante me di cuenta de que la antropología trataba temas de que no se ocupaba la historia, y viceversa. Quise estudiar históricamente los ritos de paso, empecé por las actitudes ante la muerte y me encontré en un mundo tan rico que no me dio lugar a abordar el nacimiento y el matrimonio. El tema me absorbió por completo y me enseñó muchas cosas, como que las actitudes humanas son siempre cambiantes, aunque sea frente a fenómenos tan inmutables y siempre presentes como la muerte. El historiador puede estudiar el cambio de actitudes ante esa realidad que se le impone, pero la muerte en sí misma siempre será un misterio al que el conocimiento científico se ve incapaz de acceder por completo. Solamente puede aspirar a acercarse con humildad. Después de haberle dedicado largos estudios no sé qué es la muerte; solamente he aprendido cuán ricas y cambiantes son las respuestas que hemos dado los mortales para tratar de comprenderla, conjurarla y aceptarla.

—*Uno de tus grandes temas de investigación es el Corpus Christi, que curiosamente en Toledo no ha sido declarado Bien de Interés Cultural Inmaterial. Ha sufrido muchas transformaciones, ya desde el mismo hecho de que hay dos procesiones y en lo que se refiere a los que desfilan en ella. No sé si piensas que el proceso de secularización que vivimos afecta a la procesión del Corpus o no se ve muy afectada porque se trata de una festividad popular que va más allá de la religión.*

—La fiesta del Corpus, con su procesión, es un escenario privi-

«La fiesta del Corpus, con su procesión, es un escenario privilegiado en el que observar los cambios históricos»

sión actual es muy diferente a la del siglo XVI o XVIII. Supuestamente pasa por ser una manifestación entrañable de nuestra idiosincrasia y nuestras tradiciones. Ahora bien, hay lugar para la discrepancia. Yo me siento toledano como el que más, pero me chirría esa mezcla del sentimiento religioso con la exaltación patriótica y militar que se escenifica cuando sale la custodia de la catedral. Echo de menos una vertiente más popular y diversa, y menos rígida y adoctrinadora (y no me refiero solo a lo religioso, sino a lo social y a lo político).

—*No me cabe ninguna duda de que tus dos libros de historia de Toledo son ya clásicos. Diría que por el impresionante manejo de las fuentes, por tu capacidad de síntesis, por tu estilo analítico (nada farragoso) y, además, por el espíritu crítico, porque intentas poner a un lado los mitos y las leyendas frente a los datos que tienen su apoyatura en documentos. Este asunto también lo trabajaste de una manera muy divertida en tu novela* Historia verdadera de la esclarecida ciudad. *A veces parece que es imposible acercarse a la historia de Toledo sin echar mano de las leyendas, sin caer en la desmesura milagrera de la religión y*

legiado en el que observar los cambios históricos. Aunque siga desfilando la custodia desde hace cinco siglos, la procesión se ha ido modificando a medida que lo han hecho la sociedad, sus valores y mentalidades. El Corpus es, desde el Barroco, una representación en que el orden establecido se muestra a la sociedad proponiéndose como modelo a imitar y venerar, señalándonos el orden y el lugar que debe ocupar cada persona. Por eso la procesin tomar partido por alguna ideología.

—Es sorprendente el peso de lo legendario en la constitución de nuestra identidad colectiva. Piénsese en el Pilar o en la supuesta tumba de Santiago; o, en el caso de Toledo, el uso que se ha hecho durante siglos de la predilección de la Virgen por nuestra ciudad, manifestada por medio de la imposición de la casulla a san Ildefonso. El afán de ensalzar lo nuestro a veces nos pierde y nos tienta para inventar o manipular el pasado histórico. Es de ese «toledanismo a ultranza» del que me burlé en la *Historia verdadera de la esclarecida ciudad*, donde encajo (y no me costó mucho hacerlo) las invenciones de los cronicones en el siglo XVII con el imaginario imperial franquista y el mito del Alcázar en primer plano. Ya en serio, pensé que sería interesante hacer algo que nos cuesta mucho a los historiadores españoles: la síntesis. Y es lo que intenté, después de muchos años de investigaciones sobre temas parciales, desde dos perspectivas distintas en *La invención de Toledo* y *Una historia de Toledo*.

—Has sido un gran divulgador y un estudioso del cine, como un medio que permite también adentrarnos en el territorio de la historia. Parece que en Tole-

LA INVENCIÓN DE TOLEDO
IMÁGENES HISTÓRICAS
DE UNA IDENTIDAD URBANA
Fernando Martínez Gil

[BIBLIOTECA ANIL]

UNA HISTORIA
DE TOLEDO

FERNANDO MARTÍNEZ GIL

> **«Comencé mi trabajo vocacional con mucha pasión, que se fue enfriando con los años a medida que la Universidad pasó de transmitir conocimientos y valores a competencias»**

do no se ha dado la importancia que merece a la difusión del cine, ¿no crees?

—Me he movido en el mundillo de los cineclubs durante toda mi vida y ha sido apasionante transmitir a los demás mi entusiasmo por la imagen en movimiento. Escribí una historia del cine y de los cines en Toledo que casi nadie ha leído, por lo que deduzco que, en efecto, mi ciudad ha demostrado poco interés por el séptimo arte. Y eso que la imagen de Toledo ha aportado mucho a la historia del cine. No hay más que recordar a Buñuel y su *Viridiana* o, sobre todo, *Tristana*, la película que más ha contribuido a difundir los encantos de Toledo por todo el mundo (¿para cuándo dedicar una calle a Luis Buñuel?). Pero es que, además, Toledo ha tenido relación con nombres señeros de la historia del cine, como Segundo de Chomón, Louis Feuillade, Musidora, Frank Borzage, Saura, Polanski, Bollaín o Almodóvar, por citar unos pocos. Sería muy interesante estudiar a fondo la multiforme imagen de Toledo que ha dado el cine durante el último siglo.

—*Toda tu vida te has dedicado profesionalmente a la Universidad, donde has sido profesor hasta tu jubilación. Me gustaría que me hicieras una breve valoración o balance del mundo de la enseñanza, en especial del mundo universitario.*

—Comencé mi trabajo vocacional con mucha pasión, que se fue enfriando con los años a medida que la Universidad pasó de transmitir conocimientos y valores a competencias. En primer lugar las asignaturas anuales se hicieron cuatrimestrales, limitando así la relación estrecha con tus alumnos; luego vinieron los créditos, que han impuesto el utilitarismo en profesores y estudiantes; y los planes de Bolonia hicieron el resto. Disfruté de muy buenos momentos en mi oficio de profesor, pero lo pasé muy mal en otros. Lo mejor, la relación con mis alumnos, sobre todo al principio, cuando les interesaban muchas más cosas que los créditos. Ah, y un recuerdo especial a los «saramagos», que iban a clase por afán de saber y no por obligación.

—*Tu intervención en el ciclo «El Toledo que soñamos, el Toledo que queremos» me pareció muy iluminadora. En ella destacabas el papel vertebrador del río, la protección de la ciudad (basada en algún modelo, no a golpes de ocurrencias o parches), la necesidad de una oferta cultural y el riesgo de la despoblación del casco histórico. A ello añadías que Toledo debería convertirse en una ciudad solidaria, en la que se pudiera disfrutar de su belleza y alcanzar un desarrollo personal que permitiera la felicidad. ¿Crees que se está caminando hacia ese horizonte? ¿Crees que Toledo es una ciudad ideal para vivir?*

—Toledo es una ciudad maravillosa por su historia, su patrimonio, su naturaleza. Visitarla es un placer; pero cosa muy distinta es habitarla. Ya dijo Aristóteles que la finalidad de una ciudad debe ser el vivir bien y el bien común de sus residentes, pero me da la impresión de que eso dejó de ser una prioridad para los políticos que nos gobiernan. La obsesión actual es la de «generar riqueza» a toda costa y atraer más y más turismo. Pero el turismo masivo está destruyendo a Toledo como ciudad, si la en-

«Toledo es una ciudad maravillosa por su historia, su patrimonio, su naturaleza. Visitarla es un placer; pero cosa muy distinta es habitarla»

tendemos como un lugar en que conviven sus residentes. Los barrios se «gentrifican» o se «turistizan», los pisos turísticos están expulsando a los vecinos de toda la vida y casi toda la oferta comercial se dirige también al turismo y no a las necesidades de los toledanos. Claro que no es un fenómeno exclusivo de Toledo. Pero merece la pena pararse a reflexionar sobre el proceso de desaparición de las ciudades tal como siempre las hemos entendido, y su conversión en parques temáticos al servicio del turista y de los intereses de hosteleros y de fondos de inversión. En lo que respecta a Toledo, muchos llevamos pidiendo a gritos un plan consensuado de la ciudad que queremos y en la que resulte grato vivir. Nuestro llorado amigo Juan Sánchez hizo una gran labor en ese sentido desde la Biblioteca de Castilla-La Mancha. Lástima que pocos políticos se in-

teresasen por las ideas expuestas en aquel foro.

—*Para terminar, no sé si podrías comentar algo acerca de tus próximos proyectos, si andas embarcado en alguna novela o afrontando alguna nueva cuestión histórica...*

—Poco puedo contar. De momento he dejado la investigación, porque estoy cansado de trabajar con ilusión y descubrir que a muy pocos les interesa y que, si quiero publicar un libro, he de pagármelo. Pagar por trabajar, ésa es la perspectiva. Sigo escribiendo, porque me gusta y necesito hacerlo para sentirme vivo; cosa muy diferente es la publicación, que al menos para mí es una causa perdida. Escribo para mi propio placer, con las ventajas e inconvenientes que eso conlleva. He terminado una colección de relatos bajo el título *Patrañas bélicas, un alegato contra la guerra.* Y ahora estoy inmerso en una novela sobre la emigración, uno de los fenómenos más sangrantes de nuestro tiempo. Pero su destino será probablemente, como suelo decir en broma, la editorial «El Cajón», donde reposan otros textos.

«En Toledo, cuando una construcción particular de esas que tantas bellezas de arte encierra ante los ojos del contemplador culto, quiere derribarse o modificarse, casi siempre por el capricho de su dueño, las autoridades se afanan por facilitarle los medios de llevar a cabo sus destructores propósitos. De esta manera nuestra ciudad, cuya riqueza artística y monumental excedía en valor a todas las demás de España, y formaba en primera línea entre las más notables del mundo, va perdiendo día en día todos sus atractivos, no sólo para los artistas y viajeros sino hasta para sus mismos habitantes que, sin ser poetas, encontraban más belleza en sus pobres edificios, perdidos en la sombra del recuerdo, que en las nuevas ridículas construcciones con que son substituidos los que no se convierten en solares».

José Vera en *La Campana Gorda*. 3 de marzo de 1899

Los antiguos silos de trigo de la villa de Guadamur

PEDRO ANTONIO ALONSO REVENGA

No se trata de los que se han dado en llamar las catedrales del campo, refiriéndonos a los almacenes de trigo que construyó el Servicio Nacional del Trigo en muchos pueblos cerealistas desde 1937 hasta los años setenta del pasado siglo, ni tampoco son las viviendas subterráneas de Villacañas, son otra cosa más antigua que surge en el Neolítico.

Guadamur es una pequeña villa al suroeste de Toledo muy cerca de la capital, que, como su nombre ya sugiere, es de origen árabe. En el término municipal se encuentran representadas arqueológicamente todas las culturas que han pasado por España. Hay que remarcar que a solamente tres kilómetros de la localidad existe el yacimiento arqueológico de Guarrazar, en donde el 24 de agosto de 1858 se encontró uno de los tesoros medievales más importantes de Europa, las coronas visigodas de Guarrazar.

La villa de Guadamur está asentada en una suave llanura y su núcleo poblacional se encuentra atravesado por un arroyo que, como ya decían del río Manzanares, es como la universidad, *«que por el verano no tiene curso»*.

Los primeros musulmanes se asentaron en aquel *wadi al mur*, cauce con un muro, que no era otra cosa que una pequeña presa romana de carácter agrícola. En torno a la presa surgió este poblado árabe y hoy, además de encontrase soterrado ese muro, la presa ya desecada y colmatada de tierras, ha dado origen a una de las plazas del pueblo. No lejos de ella, en el camino que nos lleva a la vecina localidad de Polán, se encontraría el cementerio musulmán, que como todos los de esa civilización se ubicaba cerca de la población al lado de alguna vía importante de acceso a ella. La maqbara o cementerio árabe sigue la tradición romana en cuanto a la ubicación al situarse a la entrada de la población sin vallado alguno. Cervantes en el *Quijote* lo refleja al referir que Crisóstomo, el pastor estudiante, «*mandó en su testamento que le enterrasen en el campo como si fuera moro*». En las ciudades y pueblos cristianos de la época, en cambio, los cementerios se encontraban al lado de las iglesias y también se enterraba dentro de ellas.

Pocos otros vestigios musulmanes quedan a la vista, pero noticias de la existencia de varios silos subterráneos habían venido recogiendo los albañiles de la localidad, que haciendo cimientos para construir nuevas viviendas se habían tropezado con ellos. Se trata de verdaderos almacenes de cereal, generalmente trigo, que sirvieron para recoger el excedente de esos productos. Nos hablaban de algunos de cerca de cuatro metros de profundidad y otros tantos de diámetro en su parte más ancha. Hace pocos años pudimos, tras ser avisados por varios amigos, ver alguno de estos, uno de ellos de menores dimensiones. Pudimos observar que se trataba de una excavación en la roca de tipo gneis blanda, de perfil abombado, recordándonos más bien la forma de una pera. Para los agricultores

actuales de nuestra localidad, que siempre han conocido las cámaras o trojes en primera planta de las viviendas como almacenaje del trigo, no podían concebir que esos silos hubieran sido verdaderos depósitos de cereal. El uso de estos silos subterráneos está constatado por la historia y la arqueología, pero su uso cae en declive a finales de la Edad Media, pasando a tener otra finalidad o simplemente abandonando su primigenio fin.

Muchos de los cronistas árabes que durante la época califal visitaban Toledo recogían en su crónicas como cosa notable, que el trigo de Toledo podía pasar muchos años almacenado en estos depósitos sin agorgojarse o podrirse. La pequeña boca del silo se solía cubrir con tablas de madera y encima tierra para impedir el paso de la humedad, e incluso estos silos se solían construir en los interiores de las viviendas o en los corrales y cobertizos.

Conocemos la todavía utilidad de estos graneros a mediados del siglo XV, pues don Pedro López de Ayala, señor de Guadamur, compra en la heredad de Huecas a don Pedro López Padilla, entre otras cosas, *unas casas con su corral tapiado, dos casas tejadas, un pozo y dos silos.*

Ya historiadores como Varrón, Columena o Plinio nos hablan de esta costumbre de conservar el trigo en el subsuelo, al parecer muy extendida por toda la cuenca del Mediterráneo. El excedente de buenas cosechas iba a ocupar estas dependencias para que, en momentos de necesidad, pudiera ser utilizado, e incluso se escondía ante la voracidad del fisco.

Hace un par de años, otro amigo de la localidad me presentó una bolsa con una buena cantidad de materiales cerámicos. Su procedencia, según él me dijo, era de la excavación parcial de uno de esos silos de cereal, que al dejar de utilizarse para ese fin sirvió durante siglos de basurero doméstico, en donde por más de cuatrocientos años se arrojaron todo tipo de vasijas y útiles cerámicos que se rompían en la casa. Por eso, entre las muestras que nos enseñaron pudimos contemplar cerámicas hispano-musulmanas de Toledo, mudéjares y cerámicas de Talavera de la Reina y Puente del Arzobispo del siglo XVI.

Por otro lado, recoge la tradición oral de Guadamur la noticia de la utilización posterior de estos graneros para otros usos. Momentos críticos estos finales de siglo y comienzos del actual que

«El excedente de buenas cosechas iba a ocupar estas dependencias para que, en momentos de necesidad, pudiera ser utilizado, e incluso se escondía ante la voracidad del fisco»

vivimos. En nuestra infancia y juventud aún nos acompañaban personas para los que la tradición oral, además de llenar de entretenimiento los momentos de descanso, era para ellos también una obligación, para trasmitir a las nuevas generaciones noticias que a su vez ellos habían oído de boca de sus antecesores. De esta forma oímos hace ya más de treinta años la siguiente noticia que hoy hemos podido completar por documentos periodísticos de la época.

Entre los años 1833 y 1840, la pugna por el trono de España por dos bandos reales, los carlistas, seguidores de Carlos María Isidro, y los Cristinos o Isabelinos, defensores de la legalidad monárquica, dio lugar a la que se ha venido en llamar Primera Guerra Carlista. Por la provincia de Toledo merodearon partidas carlistas que recogieron en sus filas verdaderos partidarios de don Carlos pero también a buena parte de maleantes y gentes sin escrúpulos que, acogidos a lo que parecía ser un ejército formal, actuaban más como salteadores y ladrones que como soldados regulares.

Por estar ubicada la localidad en las inmediaciones de unos de los vados más importantes del Tajo medio, denominado Portusa, la localidad sufrió el paso muchas veces de estas unidades carlistas que robaban o, al amparo de la ley de guerra, exigían a los vecinos suministros imposibles. Pero también los soldados intentaban abusar sexualmente de toda joven que se encontraran en la localidad. Por este motivo, cuando se corría la voz que tal o cual facción estaba a punto de entrar en la localidad encerraban a las mozas en estos silos. Se solía colocar tapando la boca una estera y encima de ella, en una silla baja, se sentaba normalmente una abuela haciendo punto. De esta forma permanecían escondidas las mozas de buen ver de la localidad hasta que pasaba el peligro.

Pocos silos de trigo quedan en la localidad y casi todos ellos en propiedades privadas, pero hemos tenido la suerte de encontrar en el yacimiento arqueológico de Guarrazar, declarado Bien de Interés Cultural en 2016, varios de ellos asociados también a piedras de molino que, una vez excavados, estudiados y consolidados, esperemos den luz a la pequeña historia cotidiana de nuestros antepasados.

● ● ●

Una nueva visión del Transparente de la catedral de Toledo

ANA ISABEL BARAJAS OCAÑA

Para construir una nueva mirada sobre el Transparente he de apelar a un recuerdo infantil que me llegó mientras viajaba. Yo tenía seis años y acudía con mi familia a misa en la capilla de San Ildefonso, la afluencia de gente era tal que los más alejados estábamos ya junto al Transparente, de espaldas a él. Yo me sentaba en una ola de mármol y, cuando nadie me veía, acariciaba la cara de un angelito, buscando en él algo de vida y alegría, cansada ya de la seriedad de la misa. Pero su cara era fría, como mi asiento, y algo contravenía el movimiento de la ola y la dulzura del ángel: eran de mármol.

Al salir, mi madre me enseñaba la estatua de Santa Casilda y me contaba el milagro que la libró de un castigo seguro, el pan que llevaba a los cristianos cautivos se había convertido en un ramo de rosas. Yo miraba la expresión humilde de aquél bellísimo rostro y deseaba ser como ella, librarme de castigos y ser admirada por mis buenas acciones. Sentía que Casilda merecía salir de su cuerpo de mármol y vivir como una mujer de verdad.

Si cada uno de nosotros, después de admirar el conjunto de arquitectura más teatral ubicada jamás en ninguna catedral es-paño-la, se detiene en los detalles, verá jóvenes volando —los arcángeles—, niños juguetones, olas, plumas, espuma, rayos de sol..., todo ello ornando las estatuas simbólicas de la maternidad —la Virgen de la Leche—, los apóstoles y Cristo en su cena, los símbolos de la Fe, Esperanza y Caridad encarnados en unas fuertes jóvenes, ancianos venerables, escudos, narraciones bíblicas co-mo escenas doradas —como en un sueño— y, en suma, todo rodeando a un hueco, una ventana, por donde entra la luz al sagrario oculto detrás. «Dios es Luz», dijo el Abad Suger, dando vida al gótico francés.

¿Cómo se llegó a esta composición exuberante, ondulada, casi móvil, que además se conjunta hacia el techo con el alarde de la apertura de la bóveda, por donde aparenta verse el cielo, con sus escenas histórico-bíblicas que parecen las imágenes del cinematógrafo?

¿Quién o quiénes pagaron tal derroche de mármoles, jaspes, alabastros y bronces, traídos desde Carrara en Italia o de los Montes de Toledo, para convertirlos en columnas, arquitecturas soñadas, formas humanas y casi divinas?

Afortunadamente, los historiadores del arte han hecho sus deberes y nos han contado cómo dos arzobispos de Toledo, primero Pascual de Aragón y después Diego de Astorga y Céspedes, contrataron los trabajos. Digo contrataron —que en este caso fue decisivo—, que no pagaron de su bolsillo, pues ese dinero lo habrían aportado tantos y tantos trabajadores que daban su diezmo, no se olvide que estábamos en el Antiguo Régimen y las autoridades eclesiales eran unos más de los Señores que administraban los Reinos.

Eran los inicios de un siglo «nuevo», el siglo XVIII (el Transparente se realizó entre 1721 y 1732), en el que entramos con una gue

«¿Cómo se llegó a esta composición exuberante, ondulada, casi móvil, que además se conjunta hacia el techo con el alarde de la apertura de la bóveda por donde aparenta verse el cielo?»

rra que entronizó a Felipe V, de dinastía Borbón, nieto del Rey Sol de Francia. Sus partidarios habían derrotado al otro pretendiente al trono, el alemán Archiduque Carlos de Habsburgo. Se abría una etapa que aventuraba aires de lujo y progreso, dejando atrás, al menos en deseo, la penuria económica y las enfermedades de los Austrias. (Permítaseme usar el «entramos», aunque ninguno de nosotros estaba allí, por utilizar el convencionalismo que nos une en un pasado común a los habitantes de gran parte de la Península). En Francia, la Monarquía Absoluta, llevada al máximo por Luis XIV, abuelo, como hemos dicho, del rey, se rodeaba de ostentación amparándose en el origen divino de su poder. Tras la guerra, España quería presentar un nuevo modelo de monarquía y, por tanto, había que transformar el arte en propaganda mediante nuevos estilos que acrecentaran el boato.

Felipe V, llamado el rey Animoso por su atuendo y sus intentos de cambio, aunque fuese sólo en el vestir y en aplicar el centralismo a la política, plasmó nuevas ideas en los palacios y dejó colar influencias europeas en un arte demasiado cerrado en sí mismo, que, sin duda, había dado magníficas obras. El rey Felipe V acabó triste y melancólico, pero el cambio, la verdad, prometía.

El cardenal Pascual de Aragón había sido virrey de Nápoles y conocía el arte que en Italia daba grandiosidad a la Iglesia, el barroco de Bernini y Borromini. Un genovés, Anselmo Quadro, realizará por encargo suyo las estatuas para un primer proyecto, no realizado, de Transparente, que luego se reaprovecharon en éste, son las tres Virtudes que se sitúan en lo alto (Fe, Esperanza y Caridad), siendo también del mismo autor las estatuas de los dos patronos de Toledo (San Eugenio y San Ildefonso), colocados en los laterales del retablo marmóreo.

Pero el definitivo proyecto, que se realizó como vemos hoy, bebía de muchas fuentes, no sólo de Italia. Toledo, al ser la sede primada de España, tenía una fama enorme, casi comparable a la propia Roma. El autor, Narciso Tomé, como sabemos, nació en Toro (Zamora) de una familia de retablistas que habían trabajado con Churriguera, artista cumbre de esta disciplina en el barroco español. La maestría estaba servida. Pero el Transparente avanza hacia el rococó (y según unos autores hasta anticipa en 150 años las formas orgánicas tomadas de la naturaleza del mismísimo Gaudí). Y ese rococó, tan novedoso, se nutre probablemente de estampas traídas de Europa, fundamentalmente de Alemania. La Alemania protestante, no olvidemos que convive con una Alemania católica al sur, que en esos momentos celebraba por todo lo alto en sus construcciones el triunfo de la fe. De la lejana abadía de Ottobeuren nos llegan imágenes de unos ángeles que son primos hermanos de los arcángeles del Transparente. Y unas formas de columnas y entablamentos que, herederas de Bernini y Borromini, se mueven de forma teatral para dar vida y magnificencia a los espacios sagrados, así como engañar al ojo aparentando más profundidad. No tan lejos, en la fachada de la catedral de Valencia (la llamada puerta de los Hierros), los jue-

La fachada de la Universidad de Valladolid ya atisba la técnica escultórica de Narciso Tomé, que encontrará su culmen en el Transparente de Toledo.

gos de curva y contracurva que dan profundidad a una arquitectura situada en un espacio comprimido, nos traen una solución similar, de mano de un alemán Konrad Rudolf, que vino a España en el séquito del archiduque.

La fachada de Valencia, o la de Borromini de San Carlos de las Cuatro Fuentes en Roma, son fachadas-retablo realizadas en piedra, donde predomina el movimiento y la teatralidad. Podíamos pensar que de aquí a nuestro Transparente no hay más que un paso. Pero no es así. Faltaba que tanto Narciso Tomé como los dos hermanos que lo ayudaron —Diego y Andrés— estuvieran cualificados para la talla en piedra. Sabemos que Narciso trabajó con su padre tallando la fachada, en piedra, de la Universidad de Valladolid, pero en ella aún hay una contención y un clasicismo, aunque ya se atisba la técnica escultórica que encontrará su culmen en Toledo. Faltaba también que Narciso diseñase el rompimiento de una de las bóvedas para dejar pasar el sol del exterior. Su padre, que había venido con ellos a Toledo, se quiso desentender de tal alarde y dejó que Narciso firmase el proyecto que el cardenal Astorga aprobó. Y faltaba, en tercer y último lugar, el paso adelante definitivo, que bebiendo de un estilo rococó que empezaba a plasmarse en Europa, la piedra se trabajase con formas orgánicas: rostros y figuras que parecen de carne, alas, olas, tegumentos que envuelven las columnas, plumas... Aquí estamos hablando de un arte nuevo, del culmen del barroco, un barroco no sólo ya de tradición española sino europeo y mundial, ya que se extendió a América.

La luz, llegada desde el orificio que se hizo en la bóveda, inunda todas las figuras como si fueran inmateriales. Este efecto de la luz cenital lo destaca el autor Cipriano García Hidalgo, un efecto que viene ya desde Bernini en la capilla Cornaro, donde se ilumina el Éxtasis de Santa Teresa. La luz es cambiante a lo largo del día y las estaciones, y el espectador puede observar cómo se oscurece o ilumina incluso al paso de unas nubes.

> **«Un barroco no solo ya de tradición española sino europeo y mundial, ya que se extendó por América»**

Pero para realizar este atrevido rompimiento, que se cubre con una linterna de rara forma sobre la girola de la Catedral, el cabildo catedralicio llamó a uno de los arquitectos más fiables del momento, Fray Manuel de San Nicolás, que después de algún titubeo se avino a realizarlo. El hueco, casi mágico, se llena de pinturas y esculturas en un intento de trampantojo que es de lo más atrevido del barroco español.

Por último, volviendo a la obra de Narciso Tomé, en la Virgen con el Niño encontramos muy interesante el juego de momentos: el niño parece que al momento siguiente va a desvelar el pecho de su madre, que, conocida como Virgen de la Leche, al contrario que otras con esa advocación en España, no está dando de mamar. Sin duda, otros fenómenos son las posturas forzadas, retorcidas hasta lo imposible. Aquí se ve sin dudarlo la influencia de la pintura del te-

cho de la sacristía de la Catedral, de Lucas Jordán. También parece que Narciso Tomé estudió a fondo en ese techo el abigarramiento de las figuras, como símbolo de una Gloria donde no cabe el aburrimiento ni la tristeza.

En el caso del altar del Transparente encontramos muchas anécdotas que un espectador con paciencia podrá descubrir, como angelitos que se acarician y otros que se pegan, siempre dentro de esa sensación de etereidad, de volar, que contrasta con la rotundidad de sus formas marmóreas. En claro contrapunto está la seriedad de las figuras «santas». Los cuatro arcángeles que rodean la ventana ovalada son deudores también en sus posturas de los de Lucas Jordán en la Sacristía. Por no aburrir, sólo diremos que el número de angelitos —o de bebés, según se quiera ver—, ya sea en cabeza o en cuerpo entero, supera los cien, algo que es inaudito en nuestro arte, por mucho que en todo nuestro barroco este «personaje» se prodigue en abundancia. El ángel niño, casi bebé, heredero de los «putti» de la antigua Roma, se retoma en el Renacimiento, y en el Barroco es una de las figuras con más presencia en los retablos.

Hay que destacar que las figuras se presentan tanto en bloques exentos como en alto relieve, en mármol, alabastro o bronce, o pintadas. Las pinturas sabemos que son obra de Diego Tomé y los bronces de plateros toledanos: Manuel de Vargas Machuca e Isidro Espinosa. Pero el conjunto escultórico fue tallado por Narciso, sólo o con la ayuda de sus hermanos. Se contrató también a dos aparejadores y dos escultores cuyos nombres conocemos, aunque no su papel concreto. Obra tan grande y compleja necesitaría muchas manos. Las figuras se situaron en estructura de madera de Gredos

y de granito toledano, con tal maestría que resulta un conjunto de altísima calidad, tanto por sus volúmenes y movimiento como por los tratamientos de ropajes, carnes... donde parecen blandos aquellos rostros y mojadas aquellas telas.

Después de esta cumbre del barroco-rococó español, ¿qué pasó para que, tras recibir con toda clase de fiestas en Toledo la inauguración del Transparente, muy poco después y durante los posteriores cien años, este arte no fuera entendido por los «puristas» que hicieron surgir el Neoclásico? Evidentemente, en arte, un estilo tiende a negar la calidad de lo anterior, y en este caso es lógico que se llegara a una saturación de líneas curvas. Pero también hubo un cambio de mentalidad. El nuevo «Despotismo Ilustrado» que traerá de Nápoles el rey Carlos III va a dar paso a un cientificismo y a unos inicios de racionalismo que caracterizarán la segunda mitad del siglo XVIII. Será la época de la expedición Balmis, que llevó la vacuna de la viruela a América, de los estudios botánicos de José Celestino Mutis, de los inicios de la Ilustración con Feijoo y Jovellanos, y del más puro estilo neoclásico con Juan de Villanueva, autor del edificio del Museo del Prado (en su origen museo de Ciencias).

Así que el impulso económico propiciado por la dinastía Borbón que hizo surgir el Transparente de las canteras y las minas, por obra de los mejores artistas del momento en su especialidad, quedó para los años siguientes como símbolo del exceso retórico, el recargamiento artístico, y hasta se llegó a tachar de monumento al mal gusto. Será ya en el siglo XIX con historiadores como Sixto Ramón Parro, en el XX con escritores como Alejo Carpentier, y más cercanamente con historiadores como Pedro Vidal y Rodríguez Barba, Juan Nicolau Castro y otros muchos, cuando se han abierto ventanas al saber, volviendo así a valorar nues-

«Quedó para los años siguientes como símbolo del exceso retórico, el recargamiento artístico, y hasta se llegó a tachar de monumento al mal gusto»

1,2 y 3: Virtudes Cardinales: Fe, Esperanza y Caridad (personificadas)./ 4 y 5: Patronos de Toledo: San Eugenio y San Ildefonso/ 6,7,8 y 9: Arcángeles Rafael, Gabriel, Uriel y Miguel/ 10 y 11: Santas toledanas: Leocadia y Casilda/ 12: Virgen con Niño (Virgen de la Leche)/ 13 y 14: Relieves con historias de David (Antiguo Testamento)/ 15: Última cena de Jesús con sus discípulos/ 16: Relieve de la imposición de la casulla a San Ildefonso por la Virgen María/ 17 y 18: Escudos del Papa Benedicto XIII y del Cardenal Diego de Astorga/ 19.- Ventana que comunica con el camarín del Santísimo (el llamadoTransparente).

> **«Todo lo que se ve se ajustaba a un programa iconográfico referente al triunfo de la Eucaristía y el simbolismo de Dios como Luz»**

---

tras grandiosas, aunque olvidadas, obras barrocas.

En las últimas décadas en nuestro país también se ha desarrollado una corriente histórico-literaria que no tiene miedo de aplicar puntos de vista actuales, incluso de una forma muy personal, a las obras de arte. Pongo por ejemplo a Carlos del Amor con su libro *Emocionarte*.

Aún hay más novedades, como es la aplicación de visiones muy desprejuiciadas, que trasladan puntos de vista médicos, psiquiátricos y de otras disciplinas científicas a las obras de arte de otras épocas. Así son (y han sido bastante útiles, aunque hay que escoger los autores) esas visiones de un orgasmo en la expresión de Santa Teresa en la famosísima escultura de Bernini *El éxtasis de Santa Teresa*.

Sin dudar de la validez de cualquier interpretación, cada una en su justo punto, mi formación de historiadora me hace volver al siglo en el que se produjo el altar del Transparente, e intentar diferenciar la visión actual que podemos tener de él y la que se tuvo en su momento.

Hoy en día personas que no han recibido educación católica (por cierto, más de la mitad de los que visitan la catedral de Toledo) verán algo así como una apoteosis de «gloria» simbolizada en legiones de niños y adolescentes, junto con elementos de la naturaleza como rayos de sol, olas, etc, que incluye estatuas, relieves y pinturas narrativos. Con visión moderna también podemos preguntarnos di alguien considera excesiva la proliferación de bebés, símbolo de la continuidad de la vida.

En su momento todo lo que se ve se ajustaba a un programa iconográfico referente al triunfo de la Eucaristía y el simbolismo de Dios como Luz, programa fácilmente identificable por los fieles católicos de la época, ya que de ello estaban llenos los sermones que se daban desde el púlpito en la misa. Creo no equivocarme al pensar que muchas de las personas que miran hoy este conjunto tendrían dificultad para comprender algunos de los significados simbólicos, ya que la formación religiosa no está ya tan extendida o se centra en otros temas y se van perdiendo.

Lo que sí será capaz de ver cualquiera que se deje llevar por su propia imaginación son innumerables niños de suaves mofletes y carnes abundantes —«qué hermoso», decían las abuelas a un niño rollizo—, jóvenes esbeltos con fuertes músculos que adquieren posturas increíbles, una hermosa madre que se dispone a amamantar a su hijo, etc. También verán formas que se retuercen de tan ondulantes, paños mojados, alas que son olas, horror al vacío, arquitecturas que casi es un milagro que se mantengan en pie... Y siempre el contraste equilibrado y efectista entre el mármol blanco y el rojizo, los jaspes, el alabastro, el bronce dorado. El lujo de los materiales. La maestría de los escultores. Y, por encima de todo, esa textura casi humana que Narciso Tomé dio a estas esculturas, cuya morbidez —suavidad, dulzura— nos anima a acariciar (lo que haríamos, como yo de niña, si hoy se pudiera).

Un algo de equilibrio inestable sugiere el conjunto, y quizá de ahí vino la famosa leyenda que se cuenta en Toledo de la maldición del pez, que dice que cuando se le caiga de la mano el pez al arcángel que se sitúa boca abajo, se caerá (o inundará) la Catedral, luego Toledo, y quizá el mundo entero. Esperemos que nunca se cumpla, entre otras cosas porque ese pez es, sencillamente, el símbolo del arcángel Rafael.

En palabras de Sixto Ramón Parro (1812-1868), el primer escritor que quiso redescubrir el

Transparente, probablemente por su sentimiento romántico, el centro de este altar, lo que rodea la ventana por donde entra la luz al camarín de la Eucaristía, es «una confusión inexplicable de serafines, rayos, nubes y aletoncillos que cierran el hueco en forma circular».

Creo haber abierto una puerta, y no cerrado ninguna, después de leer gran parte de lo publicado sobre el Transparente. Propongo que cada espectador busque la libertad en su mirada, y que disfrute con ojos infantiles o adultos aquello que ve. O quizá también se pregunte por los símbolos, si así le parece.

Comprendamos el momento en el que se hizo, agradezcamos al genio de Narciso Tomé y la conjunción que en él se dio de arte español y europeo, así como el acierto de unos mecenas que quizá derrocharon, en pos de una idea que entonces era generalmente aceptada, al menos por las élites, que es el triunfo de la Eucaristía.

Y que el abigarramiento y el movimiento ondulante no nos haga ni marear ni temer una ruina inminente, que los arquitectos hicieron su trabajo, y ese conjunto de esculturas en relieve, alto relieve y bulto redondo no va a caerse, aunque en ocasiones nos parezca que levitan.

Bibliografía escogida

- Juan Nicolau Castro: «El Transparente», en La Catedral Primada de Toledo. Dieciocho siglos de Historia», Promecal 2010.
-WEB: INVESTIGART: Cipriano García Hidalgo Villena, «Barroquismo Extremo: cuando 'todo' se sacrifica por la simple apariencia», marzo, 22, 2016.
-Disponible on line: Revista TOLETUM, n°. 50/53, págs. 31-65, 1932. Discurso de ingreso en la RABACHT de Pedro Vidal y Rodríguez Barba, «El Transparente».

Naranjos, flores y ruiseñores en la iglesia de San Juan de los Reyes

La escritora francesa Marie-Catherine le Jumelle de Barneville, Baronesa d'Aulnoy, que vivió en la segunda mitad del siglo XVII, fue muy conocida por sus cuentos de hadas y por haber escrito un controvertido libro sobre el viaje a España que debió llevar a cabo entre 1678 y 1690. De su estancia en Toledo son muchas las páginas destacables por las curiosidades que relata. Así, de su visita a la iglesia de San Juan de los Reyes dejó escrito lo siguiente:

«Es hermosa y grande y está llena de naranjos, granados, jazmines y arrayanes muy altos, formando avenidas en unas cajas hasta el altar mayor, cuyos adornos son extraordinariamente ricos. De manera que a través de todas esas ramas verdes y de todas esas flores de diferentes colores se ven brillar el oro, la plata, los bordados y los cirios encendidos que tiene el altar, y parece que los rayos del sol deslumbran los ojos. Hay también jaulas pintadas y doradas llenas de ruiseñores, canarios y otros pájaros que hacen un concierto encantador».

Cuesta imaginarse hoy con esta exuberancia decorativa el venerable templo franciscano y hasta nos hace dudar si nuestra madame no se dejó llevar por su fantasía y creyó ver también hadas por allí.

La ciudad de Toledo vista por un ingeniero inglés en 1723

GABRIEL MORA

Desde hace muchos siglos, las descripciones literarias, históricas o geográficas de ciudades o países han sido casi siempre el resultado de viajes efectuados por aventureros, comerciantes, embajadores, misioneros, militares y otras personas con múltiples intenciones, quienes señalaban con diversas intenciones los aspectos más destacados, o que más les interesaban, de las ciudades, países, territorios, paisajes, fortificaciones, etc. Algunos de ellos buscaban notoriedad personal, datos para los reyes o comerciantes que los enviaban, así como afán de evangelización, interés científico, ánimo de lucro, etc. Este último deseo fue el que animó a Richard Jones, un ingeniero inglés, nacido en Rye, condado de Susex, a trasladarse a Toledo poco después de acabada la guerra de Sucesión en España, dejándonos una descripción de la Ciudad Imperial aún inédita que la que ahora nos disponemos a dar a conocer.

Recordemos antes brevemente que la ciudad de Toledo, importante desde la época romana, con el río Tajo a sus pies, pudo disponer de agua potable y abundante distribuida entre sus vecinos, traída desde los Montes de Toledo, entre los siglos II y VIII de nuestra era, gracias a la construcción de una presa y su pantano en el término de Mazarambroz. También hicieron una conducción en piedra de 38 kilómetros hasta Toledo. Desde allí venía el agua hasta un acueducto-sifón que atravesaba el río Tajo en un punto situado a pocos metros del puente de Alcántara, en cantidad suficiente para llenar varios depósitos en el interior de la ciudad. La destrucción de este perfecto sistema de abastecimiento de agua potable a Toledo se produjo por una gran avenida de agua que hizo caer la presa, y por ello, ante su falta de utili-

Vista de Toledo desde el puente de Alcántara a comienzos del siglo XVIII. Grabado de Pieter van den Bierge. Archivo Municipal de Toledo.

dad y servicio, las piedras y sillares del acueducto-sifón serían utilizadas por visigodos y musulmanes para diversos edificios y murallas que hoy pueden verse todavía.

La realización de Juanelo Turriano en 1562, subiendo once mil litros diarios de agua del río al Alcázar, dio la fama necesaria en Europa para que a lo largo del siglo XVIII se intentara, por varios «ingenieros del agua», volver a realizar esa construcción que había dejado de funcionar definitivamente en 1639. Uno de ellos, el inglés Richard Jones, ya

mencionado, pudo haberlo conseguido, pero su muerte, acaecida en Toledo en 1727, nos ha dejado la duda de un casi seguro feliz resultado de su intento de subir el agua del río hasta el Alcázar con las tuberías de hierro que trajo de Inglaterra, la aportación financiera conseguida de capitalistas ingleses y las posibilidades técnicas de ese intento, indicadas en sus explicaciones, aunque no en los planos desconocidos de su proyecto, que como solía suceder en esa época, debido a la lógica reserva de todos los inventores para no descubrir a otros sus creaciones, nos priva de su conocimiento exacto.

La propuesta que presentó Jones al Ayuntamiento para resolver en Toledo el secular problema de abastecimiento de agua no fue la única a lo largo del siglo XVIII, sin que ninguna fuera capaz de subir el agua al Alcázar, pero Jones fue el único que dejó una descripción de Toledo en 1723, que aquí se presenta en inglés y se conserva en la British Library de Londres al final del contrato que firmó Richard Jones con el Ayuntamiento, y al que doy su traducción.

Traducción

Esta antigua y noble ciudad es la metrópoli del reino de Castilla la Nueva y de toda España. Fue construida en una escarpada y elevada colina sobre el famoso río Tajo, que la rodea por tres partes en forma de herradura y se alza al pie de las peñascosas rocas. Este río riega una amplia llanura que hay a los dos lados y la ciudad tiene un puente en cada uno de sus extremos.

En la parte (de la ciudad) donde no está rodeada por el río, la ciudad posee murallas dobles de construcción antigua. Encima de estas murallas hay ciento cincuenta torres. Tiene cinco puertas (de entrada y salida de la ciudad) y las calles están construidas de una manera antigua, empinadas y estrechas, pero los edificios son elevados. También existen diecisiete plazas que sirven para mercados públicos. Entre estos mercados destacan cinco por ser los mejor abastecidos.

El clima es templado, refrescado por agradables brisas, y el campo posee extensas zonas de cereales, vinos, frutas, caza, animales domésticos (ganado vacuno), potros (mulas y burros) y toda clase de verduras.

La población era al principio más numerosa, sin embargo, ahora solo viven siete mil familias que están divididas en 23 barrios (o distritos) y 27 parroquias con 38 monasterios de religiosos y monjas. Además de una Universidad para hombres y cuatro casas para mujeres (escuelas donde las mujeres recibían alguna clase de educación) *llamadas también Universidades, existen veinte capillas y veintiocho hospitales, uno de ellos recibe el nombre de Nuncio y es famoso por dedicarse a la curación de los locos.*

Muchos caballeros distinguidos (por su riqueza) y personas importantes (de valía personal) viven en casas lujosas de acuerdo con su rango. El gobierno está en manos de un corregidor o gobernador supremo, seis regidores, cincuenta y cuatro magistrados (jurados), un alcalde principal y otros alcaldes menores y un jefe de alguaciles al mando de veinte alguaciles.

El rey Alfonso VI concedió a Toledo el título de imperial en el año 1085, cuando reconquistó la ciudad de los moros.

La catedral es esplendida y tiene ochenta y ocho columnas que soportan el peso de cinco espaciosas naves. El arzobispado es el más rico del mundo, casi como Roma. El prelado tiene unas rentas de cuatrocientas mil coronas al año.

Las otras características de esta ciudad y la catedral requeriría una descripción mucho más extensa, de modo que todo esto (que hemos dicho anteriormente)

«Los datos que el ingeniero aporta sobre Toledo contienen todos los aspectos necesarios para que los capitalistas británicos pudieran ver el negocio que se iba a conseguir»

puede ser suficiente en este momento.

Comentario sobre la descripción

Los datos que el ingeniero aporta sobre nuestra ciudad contienen todos los aspectos necesarios para que los capitalistas británicos pudieran ver el negocio que se iba a conseguir con sus inversiones

La descripción que hace de Toledo es bastante concisa. Aporta poco que no nos sea conocido, indicando los datos interesados para sus fines, los magnifica de forma sutil, pero son de fácil comprobación, lo que ayuda a sostener la idea ya mencionada, haciendo resaltar la importancia de la ciudad, su población y su riqueza agrícola, ganadera y comercial, disponiendo de un buen gobierno municipal y gran rique-

18 AL 68.

za eclesiástica centrada en el arzobispo, y urbana debido a algunos miembros de la nobleza.

Menciona la existencia de murallas dobles. Recordemos que la primera y más exterior es la que trascurre entre la puerta Nueva, la de Bisagra y la del Cambrón. La segunda, más interior, era la que cerraba las puertas del Sol y Valmardón, trascurriendo desde la plaza de armas del puente de Alcántara, cuya construcción la adjudica a los musulmanes. Menciona la existencia de 150 torres, número excesivo, aunque se cuenten las de conventos, iglesias y sistema defensivo, pero útil a sus propósitos para magnificar la ciudad, aunque diversos autores antiguos dan esa cifra adjudicándosela a las reformas y ampliaciones del rey visigodo Wamba. Ese sistema defensivo fue conservado bajo la dominación musulmana y des-

Cuatro calles

pués por los cristianos tras su reconquista en 1085. Habla de cinco puertas que en el siglo XVIII se cerraban por las noches, siendo vigiladas durante el día para el cobro de los arbitrios municipales, por los derechos de todas las mercancías que entraban en la ciudad. Se utilizaban también para aislar a los habitantes de la ciudad en caso de epidemias, impidiendo el paso de personas y mercancías hasta que pasaban la cuarentena. Esas cinco puertas eran: la de Alcántara, situada en el puente de su nombre; la Nueva o de los Azacanes, por ser la que utilizaban estos aguadores con sus cántaros y pollinos para surtir de agua del río a los vecinos que la compraran; la de Bisagra, principal de la ciudad en el camino de salida hacia Madrid; la de Alfonso VI, o vieja de Bisagra, con escasa utilización, que acabó por taparse por los desechos, escombros y vertidos que a su entrada se echaban; y la del

«Cinco puertas se cerraban por las noches, siendo vigiladas durante el día para el cobro de los arbitrios»

Cambrón, en el camino hacia los lugares de los Montes de Toledo, sometidos a la jurisdicción de la ciudad.

Poco tiempo debió de permanecer Jones en Toledo antes de escribir su «descripción», pues no se caracteriza nuestra ciudad por su *«clima templado, refrescado con agradables brisas»*, como dice, salvo escasos días de otoño y primavera. Recordemos los crudos inviernos que algunos años llegan a helar el río y los asfixiantes calores del verano, suavizados por algunos vecinos con los patios interiores de mayor o menor tamaño.

Los datos que exagera Jones deliberadamente son los referidos a la población. Las cifras que se conocen con más seguridad son las referidas a partir de la mitad del siglo XVI. En 1561 se considera que Toledo alcanzó el máximo de población con poco más de 60.000 habitantes. Los datos de 1639, según el investigador Julián Montemayor, ascenderían a 4.839 vecinos, que se fueron reduciendo gradual y lentamente, como en el resto de España, por diversas crisis.

La larga guerra de Sucesión (1704-1713) anuló por unos años el tímido crecimiento de fines del siglo XVII. El vecindario de España de 1725 da para Toledo una

ARANZEL DE TIENDA.

Queſo añejo de Ovejas, à catorce quartos la libra.	56.mrs.
Queſo freſco de Cabras, à ſeis quartos la libra.	24
Caſtañas apiladas, à quatro quartos y medio la libra.	18
Higos negros de Valencia, à cinco quartos la libra.	20
Higos blancos, à quatro quartos la libra.	16
Garvanzos, à nueve quartos la libra.	36
Garvanzos remojados, à dos quartos la libra.	08
Paſſas de Sol, à ocho quartos la libra.	32
Paſſas de lexìa, à ſiete quartos la libra.	28
Judias, à ſiete quartos la libra.	28
Lantejas, à quatro quartos la libra.	16
Arroz, à ocho quartos la libra.	32
Miel blanca, à doce quartos la libra.	48
Pimiento colorado, à doce quartos la libra.	48
Vinagre, à diez quartos la azumbre.	40
Algarrobas, à veinte y quatro quartos el celemin.	96
Cerezas paſſas, à quatro quartos la libra.	16
Ciruelas de Cazorla, à quatro quartos la libra.	16
Paſſas negras de racimo, à cinco quartos la libra.	20
Paſſas de Ciezar, à ſeis quartos la libra.	24
Alcaparras finas, à ſeis quartos la libra.	24
Alcaparras ordinarias, à quatro quartos la libra.	16

De cuyos precios no han de exceder los Tenderos, pena,
que ſeràn caſtigados por todo rigor de derecho. Y eſte Aranzel le tengan en parte donde quien compre le pueda leer
con facilidad. Dado en Toledo à 16. de Febrero de 1752.

POR Acuerdo del Juzgado.

población de 2.436 vecinos o familias, que será sólo la de los «pecheros» o contribuyentes, y en el memorial de los curas latinos que publicó el investigador Manuel Gutiérrez se dice que en 1729 sus vecinos «aún no se pueden contar por 6.000», datos obtenidos por el mismo investigador de una relación de visitas por parroquias, escribiendo que eran 18.963 habitantes en 3.650 casas, por lo que podemos concluir que el ingeniero inglés aumentó la población en unas mil familias.

Sepamos que, según el contrato firmado con el Ayuntamiento, él pensaba cobrar el agua a cada vecino que solicitara el suministro para sus casas. He aquí, pues, dónde estaba el posible negocio que pensaba hacer.

Son exactas, sin embargo, las cifras que aporta de parroquias y conventos, en los que se contaban en 1767, según el investigador Julio Porres, setecientos frailes y quinientas monjas.

Exagera, sin duda, cuando habla de diecisiete plazas para vender mercancías. Aunque en algún cruce de calles podría venderse de forma ambulante algún producto de las huertas, sólo cinco de ellas tenían capacidad para considerarse mercados públicos. La plaza Mayor, con puestos de carne y pescado; la de Zocodover, donde se celebraba el mercado franco de arbitrios los martes; Santo Tomé, para el abastecimiento de la entonces populosa zona oeste; las Tendillas, antiguamente llamadas de Sancho Minaya; y la zona del Arrabal, próxima a la iglesia de Santiago el Mayor, con productos más populares.

Todos ellos eran vigilados por jurados y alguaciles para evitar fraudes en los pesos y medidas que empleaban los vendedores, debiendo vender éstos a los precios que les imponían semanalmente el Ayuntamiento en el denominado *Aranzel de tienda*.

Fachada principal
de la Catedral hacia
mediados del siglo XVIII.
Grabado de Juan
Fernando Palomino.
Archivo Municipal
de Toledo.

Punto y aparte sería hablar del pan y sus precios, tan importante en la alimentación entonces, pero siempre sometidos al imperativo de la climatología de la región, con escasa producción frecuentemente.

Dedica Jones dos líneas a la educación, aunque sólo a la que se impartía como enseñanza superior en los *colleges*. Debemos recordar el colegio de santa Catalina y el de san Bernardino para que estudiaran varones, remitiendo a los imprescindibles trabajos de Florentino Gómez y Luis Lorente para su conocimiento exacto. Sorprende, sin embargo, que mencione la existencia de otras casas para la formación de mujeres, que también denomina *colleges*, puesto que ninguno de los centros existentes educaba para seguir estudios superiores a las mujeres, al igual que ocurría en otros países de Europa en esa época. Tanto el colegio de Doncellas Nobles, fundado por el cardenal Silíceo, como el colegio para doncellas pobres del convento de san Juan de la Penitencia, fundado por el cardenal Cisneros, así como el colegio del Refugio, fundado por el cardenal Gaspar de Quiroga, situado a espaldas de la iglesia mozárabe de san Torcuato, no tenían la consideración de *colleges*, educando a las alumnas para que se formaran como buenas madres de familia.

No debe extrañarnos la cifra de ventiséis hospitales existentes en Toledo para una población como la indicada, de entre dieciocho y veinte mil personas, pues muchos de ellos eran refugios pequeños para pobres y peregrinos, casi todos mantenidos con las rentas de piadosas fundaciones, como el que menciona especialmente de gran fama: el hospital del Nuncio, (el tercero más antiguo de Europa), fundado por Francisco Ortiz, canónigo de la catedral y nuncio del papa Sixto IV, por bula de 1483, hospital que acrecentó sus ingresos por el testamento de otro canó-

nigo, Juan de Vergara, en el siglo XVI, y por el racionero Alfonso Martínez en el XVII.

Richard Jones se informó bien del gobierno municipal, no en vano tuvo que tratar con alguno de sus miembros para la aprobación de su proyecto. En este año era corregidor el marqués de Olías, quien había tomado posesión del cargo el 20 de agosto de 1718, y siguió siéndolo hasta su fallecimiento el 25 de septiembre de 1744.

Existían un alcalde mayor y otro de alzadas, además de cuatro alcaldes ordinarios, uno de la Mesta, otro de la Santa Hermandad, uno más de la Casa de la Moneda y oro de la Alhóndiga, dando los números exactos para alguaciles y jurados. Los regidores eran treinta y seis, en lugar de los seis que indica, pudiendo haber sido una errata de impresión más que error de Jones.

En cuanto al título de Imperial que da a Toledo, hay que recordar que tanto Alcocer en el siglo

«No debe extrañarnos la cifra de veintiséis hospitales existentes en Toledo para una población de entre dieciocho y veinte mil personas, pues muchos eran refugios para pobres y peregrinos»

XVI como Pisa en el XVII, en sus historias de Toledo, así lo reconocen, recodando que el rey Alfonso VI firmaba algunos documentos en el año 1077 con el título de Emperador, aunque era para continuar la «*idea imperial*», es decir, la idea de un poder superior al de «*Real*», usado por anteriores reyes de Asturias y León como herederos de la antigua monarquía visigoda, y que a él convenía para dar un sentimiento de unidad hispánica y, al mismo tiempo, de superioridad sobre los otros reinos hispánicos. También se hizo llamar «*Emperador de toda España*», «*Empe-rador de las dos religiones*», título éste que no le aceptó el rey Almotamid de Sevilla, y también «*Imperator toletanus*» desde la conquista de Toledo, así como «*Adefonsus Imperator super omnes Hispaniae nationes constitutus*».

Termina Jones su «descripción» haciendo una brevísima cita de la Catedral y de la riqueza de su arzobispado, tan mencionado por todos los historiadores, reconociendo al final que una relación detallada de Toledo hubiera necesitado una extensión mucho mayor, lo que ya no necesita, pues con lo expuesto es suficiente para lograr su propósito.

Apuntes sobre la Fábrica de Armas de Toledo y su Escuela de Aprendices

PEDRO GARCÍA-ASENJO SÁNCHEZ-LARGO

Como es sabido, la Fábrica de Armas de Toledo fue iniciativa del rey Carlos III y el arquitecto Francisco Sabatini fue su constructor. Su primera ubicación fue en la actual calle Núñez de Arce, donde se instaló un taller de forja y otro de afilado, cuyas muelas eran movidas por el impulso de una caballería, a modo de una noria. Esta ubicación duró poco y pronto pasaría al nuevo edificio, junto a las riberas del Tajo.

En un principio, los talleres se instalaron a la derecha del edificio conocido hoy por el nombre de su arquitecto, Sabatini, si bien algunos elementos de amolado y pulido se ubicaron en los sótanos del edificio. En resumen, empieza en serio la fabricación de armas blancas. Hay que hacer notar que las amoladoras estaban movidas por la corriente del río.

Pasado algún tiempo se van modernizando los principales talleres (forja, acicalado, ajuste, montura...), ya que las guerras requieren más armas blancas y hay que aumentar la producción. Sus principales artífices son los maestros espaderos.

El tiempo pasa y las necesidades van aumentando, también la tecnología avanza. Llega la electricidad y con ella nuevas máquinas. Se hacen centrales eléctricas que producen energía. La primera se hizo de vapor y estaba adosada al edificio Sabatini. Luego llegan las centrales hidráulicas, cuyas turbinas son movidas por el río (Santa Ana, Azumel, El Ángel, la Isla...) y, por último, una central de reserva con dos grandes motores Diessel, (al parecer de un barco) para casos de emergencia.

Hemos dicho que la tecnología avanza y estas centrales no es-

El autor, antiguo trabajador de la Fábrica, a sus 99 lúcidos años, pronunció el pasado 16 de noviembre de 2023, en el Edificio Sabatini, una conferencia de la que es resumen este artículo.

tán por capricho, ya que se utilizan para mover los motores de las máquinas que van apareciendo para toda clase de industria, y la espadería no va a ser una excepción. Ya no se forjan las espadas y machetes a mano. Se han ideado máquinas que sustituyen al esfuerzo del hombre, aunque éste siga siendo necesario para el manejo de las máquinas. El taller de forja admite en su seno unas prensas que evitan muchos golpes de martillo y algunos operarios. Un ejemplo de estas maquinas lo tenemos a la vista hoy, en la rotonda de los cuatro caminos en que se dividen aquellos terrenos fabriles.

Ya tenemos las hojas forjadas, templadas, desbastadas y acicaladas, pero muy necesario es también dotarlas de empuñaduras y de vainas o fundas, especialmente con los sables que se van haciendo con empuñaduras y guarniciones fundidas, aparte de las vainas. Lo mismo ocurre con los machetes.

De ello se deduce que hay que crear nuevos talleres, por ejemplo, uno para la construcción de algunas piezas y montaje de ambas armas y otro para la fundición de otras piezas (empuñadura, guarnición, etc). De esta forma aparecen los talleres de armas blancas y de fundición.

Pedro García-Asenjo en su conferencia

Los tiempos avanzan, las contiendas ya no se resuelven a sablazos. Se ha inventado el fusil, éste necesita munición y ¿dónde mejor producirla que en una fábrica militar? Se crean así los talleres de cartuchería para la fabricación de vainas, balas y cápsulas, para cuyo funcionamiento hacen falta unos talleres auxiliares (herramientas, carpintería, hojalatería, etc.) y, por último, una imprenta para el etiquetado, cajas de cartón, etc.

Pero tenemos una guerra en Marruecos, el material quirúrgico escasea y, al parecer, no hay modo de adquirirlo. Por eso, aprovechando el taller de forja y su maquinaria, previa confección de la estampa correspondiente, se empieza la fabricación de este material, para lo cual, además del de forja, se crea otro taller para el mecanizado y ajuste, terminando su refinado y niquelado en los talleres especiales creados al tiempo del de armas blancas.

Se han creados nuevas armas y para ellas nuevas municiones. Los cañones lanzan proyectiles que van provistos de espoletas iniciadoras de la explosión. Se crean también los talleres de construcción y carga de los proyectiles y

los de construcción y carga de estos artefactos, con lo que la Fábrica queda muy completada. Forja y montaje de armas blancas, talleres de cirugía, de espoletas y estopines, sin contar con la serie de talleres auxiliares que

Portada de un catálogo ilustrado de piezas elaboradas en la Fábrica.

Talleres de instrumental quirúrgico y de fabricación de espoletas.

proporcionan los materiales necesarios para el abastecimiento de elementos y herramientas para todas las demandas.

Pero ¿qué hacer con todo el material residual? Para solucionar este problema se crea el taller de fundición de latón con dos hornos de inducción que funcionan principalmente en campañas de utilización, de un solo horno cada vez. Mediante ellos se obtienen unos lingotes de latón de una composición especial para la fabricación de las diferentes piezas de espoletas. Dichos lingotes serán transformados en barras de diferente diámetro por medio de extrusión.

Hay que significar que las chatarras de cartuchería tenían la composición siguiente: latón de vainas: 72 %, de cobre y 28 % de zinc; el de balas: 90% de cobre y 10% de zinc. El latón para espoletas había de tener 60% de cobre, 38 % de zinc y 2% de plomo. Por esta causa era necesario calcular las cantidades de materiales que había que introducir en el horno para obtener la composición deseada. Para asegurarse de que ésta era la correcta, de cada colada se enviaba muestra al laboratorio, cuyo departamento notificaba si había de hacerse alguna corrección en las cantidades.

Ya tenemos la Fábrica en su totalidad en marcha, movida no solamente por la electricidad, sino también por el elemento humano que, a mi modesto entender, es mas importante que todas las máquinas y materiales a emplear, empezando por el director y siguiendo por los jefes de producción, del detall, de personal, ingenieros, jefes de grupo, ayudantes y auxiliares, maestros de taller, contramaestres, encargados, personal de oficinas y talleres... y de departamentos auxiliares (economato, jardines, vigilancia, etc.).

Han transcurrido muchos años desde la creación de la Fábrica y son muchos los avatares sufridos: despidos por falta de trabajo, división de la misma por causa de la guerra civil de 1936 (Cartagena, Palencia, Toledo) hasta que llega una paz duradera y una prosperidad que se reflejan en muchas mejoras, tales como la construcción de un poblado obre-

«¿Qué hacer con el material residual? Para resolver este problema se crea el taller de fundición de latón con dos hornos»

Taller de fundición

ro con sus correspondientes escuelas infantiles, cosa que se realizó en los años 40 del pasado siglo.

No podemos menos que recordar aquellos grandes festejos celebrados en honor de nuestra patrona, Santa Bárbara. Teatro, cine, carreras ciclistas, corridas de toros..., todo con la participación del personal de la Fábrica que recibía la célebre «cesta» de alimentos, tan importante en esas fechas. De todos los actos, el que más sobresalía era la celebración de la Santa Misa en la iglesia de San Ildefonso de los PP. Jesuitas. Dicha Misa era celebrada ordinariamente por el cardenal primado, con asistencia de todas las autoridades y representaciones de Toledo. También recordamos la entrega de juguetes a los hijos de todos los obreros de la Fábrica cuando llegaba la fiesta de los Reyes Magos.

Entre otras celebraciones a recordar estaba también la del Cumplimiento Pascual, que todos los años se anticipaba con varias conferencias en los tres días anteriores a dicha celebración.

Con la creación de la Empresa Nacional Santa Bárbara de Industrias Militares, la fisonomía y organización de la Fábrica cambia por completo. Todo el personal militar, ingenieros, ayudantes, auxiliares, etc., pasan a la situación de «servicio de otros ministerios», con carácter civil, introduciéndose nuevas fabricaciones: envases de cartón para proyectiles, tubo Hot de plástico pa-ra helicópteros, etc.

Pero esto no es suficiente ya que la economía no podía permitir el mantenimiento de toda esta estructura, y a los pocos años deciden que ha de cesar esta actividad y se cierra la Fábrica, distribuyendo al personal en otras empresas.

Cuando un personaje importante fallece, se suelen escribir alabanzas merecidas. El mejor epitafio que pudo recibir la que siempre será recordada como Real Fábrica de Armas de Toledo fue la conversión de sus edificios en Universidad.

La Escuela de Aprendices

Generalmente, todas las empresas, y casi todos los trabajos, han tenido siempre sus aprendices, jóvenes de los que servían para cualquier menester y a los que se enseñaba algún oficio. Ignoro si había algún centro donde se dieran clases teóricas sobre los diversos oficios o profesiones. Conocí de pequeño la Escuela de Artes y Oficios de Toledo; en ella se daban clases prácticas de algunas artes, como dibujo lineal y artístico, cerámica, esmalte, etc. pero de teoría de estas materias, nada; posiblemente habría alguna clase teórica, pero no era una escuela de formación profesional como la que nos ocupa.

Fue en la Fábrica Nacional de Trubia (Oviedo) donde el general de Artillería don Francisco Elorza, ilustre figura científico-militar del siglo XIX, fundó la primera Escuela de Formación Profesional o de Aprendices, como reza el decreto de su fundación.

Ya había aprendices en las fábricas, pero eran de la clase explicada anteriormente; tenían, eso sí, su jornal, como se vio en la fundación de la Fábrica de Armas de Toledo. Los aprendices de forjados, por ejemplo, ganaban tres reales diarios, incluso en las fiestas, tal como figura en la relación.

Pero como todo evoluciona en la vida y con el ejemplo dado por el general Elorza, en el año 1902 el director de la llamada entonces Fábrica de Armas y Cartuchos de Toledo, en el acta de 14 de mayo formulada por la Junta Facultativa de la misma, establece la creación de una Escuela de Aprendices afecta a la Fábrica de Toledo. Los trámites para su creación fueron laboriosos y se prolongaron durante más de un año, según puede comprobarse por los documentos conservados en el Archivo del Ejército en Avila.

Así, por ejemplo, el 14 de mayo de 1903 se confecciona un primer proyecto de Reglamento por la Junta Facultativa de la Fábrica, que seis meses más tarde acuerda efectuar diversas modificaciones al mismo.

17 de diciembre de 1903.- El presidente de la Junta Facultativa del Ministerio de la Guerra, Sección de Artillería, envía al Ministerio el reglamento propuesto. Pasarán aún cinco meses hasta que el 11 de mayo de 1904, la Junta Consultiva de Guerra envía la documentación detallada sobre la creación de la Escuela de Aprendices, que por fin es aprobada con fecha 20 de agosto de ese mismo año, afecta a la Fábrica de Armas y Cartuchos de Toledo, así como su Reglamento. El programa de estudios aprobado era el siguiente:

El primer año, Aritmética y Algebra, así como Dibujo adecuado al oficio y Prácticas de Talleres. El segundo año, Geometría y, al igual que el curso anterior, Dibujo y Práctica de talleres. El tercer año, Mecánica, Física (oral), Dibujo y Prácticas de Taller. Por último, el cuarto año, Electricidad, Descriptiva (rectas y planos), Dibujo y Práctica de Talleres.

Como se puede ver, estas enseñanzas tendían un carácter esencialmente práctico, desprovistas de grandes razonamientos y demostraciones teóricas.

El milagro

JEAN RICHEPIN
(Traducción de MARIANO MARTÍN RODRÍGUEZ)

A un hombre viejo y a un mozo
quiero con distinta ley;
quiero al mozo por su cara,
   (esta es la pura verdad),
quiero al mozo por su cara,
y al viejo por la del rey.

Desde el comienzo de la cuaresma, no solo en las Castillas Vieja y Nueva, sino también en toda España, desde el Mediterráneo hasta el Atlántico y desde Tarifa hasta los Pirineos, no se hablaba más que del maravilloso retiro cuaresmal predicado por el monje blanco en la catedral de Toledo.

Nunca antes, hasta donde alcanzaba la memoria, se había oído semejante elocuencia en la cátedra, con todo y ser tan ilustre, de la antigua catedral. Nunca había visto nadie, ni siquiera en las fiestas más populares, semejante concurrencia. La inmensa nave se había quedado pequeña para contenerla por entero y las paredes parecían estar a punto de reventar.

Y, sin embargo, es tres veces al día que predica el monje blanco, para permitir a los innumerables oyentes beber, en tres asistencias sucesivas, su palabra, de la que tanta gente tiene sed,

* La traducción de los cuentos se basa fielmente en el texto de su primera edición: Jean Richepin, «Le miracle», *Contes espagnols* [Cuentos españoles], Paris, Eugène Fasquelle, 1901, pp. 141-150. Los epígrafes en cursiva de cada cuento están en castellano en el original.

y es desde el amanecer hasta la noche cuando recibe a los penitentes en el confesionario, entre un sermón y otro.

No se contenta con iluminar la razón y conmover los corazones cuando están reunidos en multitud, sino que prodiga a cada conciencia en particular los tesoros generosos de su palabra. Y uno se pregunta cómo puede aguantar tal derroche de sí mismo y uno se dice que, si aguanta, es gracias a un milagro.

Efectos de un milagro son también, sin duda, el número y la rapidez de las conversiones producidas ante su voz, y con frecuencia ante su misma cercanía y vista, pues pecadores empedernidos se deshacen de súbito en lágrimas de arrepentimiento, tan solo ante el gesto imperioso de su mano santiguando en la calle.

¿Y no es ya algo milagroso su historia misma? No se conoce ni su nombre ni su procedencia, ni tampoco a qué orden pertenece. Al menos no ha dicho nada al respecto el cabildo catedralicio. Monseñor el arzobispo ha anunciado simplemente, en su pastoral, que en la cuaresma predicaría el *monje blanco*.

Es hombre de gran estatura, de amplio y fuerte pecho, de cuerpo y cara demacrados por los largos rezos, los ayunos, las austeridades más duras y trabajos sobrehumanos, pero la fuerza inagotable de su oratoria y la llama de sus ojos indican que no tiene más de treinta años.

Como no se sabe nada de él, se le inventan muchas cosas y tal vez es cierto que no se está lejos de la verdad cuando se dice que pasó su adolescencia y juventud en un claustro, en estado de santidad absoluta hasta la edad de treinta años, haciéndose digno de obtener ese don de hacer milagros que se le atribuye.

No son solo milagros de oratoria de los que se le cree capaz, sino también de milagros materiales, según se dice. Sin duda ni monseñor el arzobispo ni el cabildo llegan a afirmar tal extremo, pero no consideran censurable que el pueblo hable de las extrañas curaciones verificadas por el monje blanco.

—¿No iréis con la corte a Toledo, don Ramón? ¿No iréis a escuchar a ese famoso monje blanco que convierte a todos los descreídos y cura de sus pecados a todos los pecadores? ¿No iréis a probar si ese médico puede curar vuestra alma, que os jactáis de proclamar incurable?

Así habla la vieja marquesa de las Cardugas a su hijo don Ramón, quien tiene la reputación

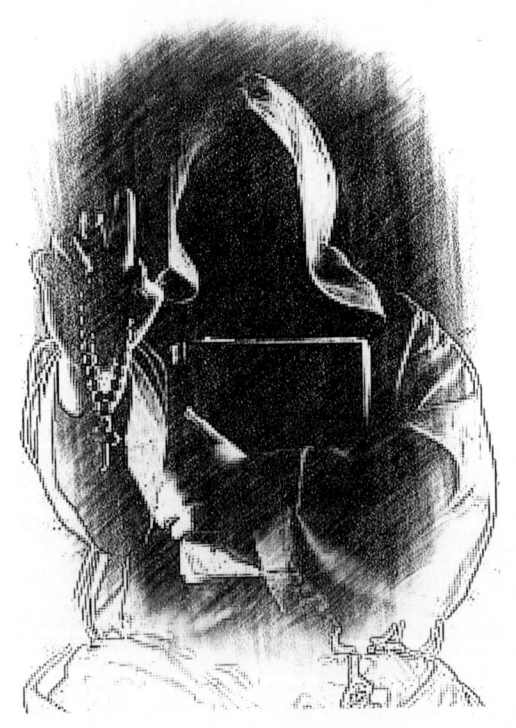

«*Como no se sabe nada de él, se le inventan muchas cosas y tal vez es cierto cuando se dice que pasó su adolescencia y juventud en un claustro, en estado de santidad absoluta*»

de ser el peor sujeto de todas las Españas, especie de nuevo don Juan, mil veces más criminal e impenitente que el antiguo, pues prosigue su vida de asesinatos y orgías ya pasados sus cincuenta años.

¡Ay, cuántas misas ha hecho celebrar la madre, cuánto ha rezado ella misma, la anciana y piadosa marquesa, hoy septuagenaria, para llevar a arrepentirse al incorregible don Ramón, en quien ella sigue viendo, pese a todo, a su hijo único y dilecto, a quien querría salvar antes de morir!

Pero se ha esforzado en vano. Cuanta más edad tiene, el malvado menos se desprende de sus vicios y de su perversidad; al contrario, se entrega a ellos más cada día, obstinadamente, ostentosamente, hasta jactarse ahora, de hecho, de su triunfante incurabilidad.

—Ah, marquesa, venerable madre mía —responde él con insolencia—, ¿por qué deseáis exponer a ese famoso monje blanco a una afrenta? Iré en verdad a oírlo y a verlo si eso puede agradaros, pero seréis la causa de que ese buen jugador, que gana cada vez, se quede con un palmo de narices.

—Probad con todo —replica la marquesa—, probad, querido hijo mío, aunque solo sea para agradarme, en efecto. Pensad que, si vuestro orgullo consintiera humillarse esta vez un poco, si dejarais que este santo varón conmoviera vuestro corazón, moriría yo feliz.

Con su madre y con la corte, don Ramón ha venido a Toledo, no para agradar a la desgraciada señora, sino con la esperanza y la certeza de apenarla de nuevo, pues no se ha guardado de repetir a quien quisiese oírlo que haría que el famoso monje blanco quedara con un buen palmo de narices.

En la catedral, en medio de la muchedumbre de fieles emocionados por la palabra elocuente, esta dejaba frío a don Ramón, que consideraba que el monje

«Veis en el pretendido tribunal de la penitencia a un hombre que se jacta de ser profunda, esencial e irreductiblemente impenitente»

blanco hablaba en verdad bien, pero que no se dejaba convencer ni persuadir por él, y que incluso lo escuchaba con el mismo aire de superioridad con que habría escuchado a un actor en el teatro.

—¡Ah, querido hijo mío! —dice triste la marquesa—, ¿cómo es posible que no os emocione? Pero no os dejo en paz. Quiero vuestra salvación. He rezado tanto a Dios que me la concederá. Os suplico que vayáis a confesaros con el monje blanco. Le tengo fe. Él hará el milagro que deseo.

Con la sonrisa en los labios, don Ramón respondió que jugaría la partida hasta el final, que estaba seguro de que dejaría al monje blanco con un palmo de narices y que iría a confesarse con el monje blanco entonces. Y hubo en toda la corte e incluso entre el pueblo una gran expectación por saber lo que iría a ocurrir.

—Padre —dijo don Ramón al monje blanco—, me veis en vuestra presencia, de rodillas por mera cortesía y llamándoos «padre» porque así es la costumbre; veis en el pretendido tribunal de la penitencia a un hombre que se jacta de ser profunda, esencial e irreductiblemente impenitente.

—Sé quién sois —responde el monje sin turbarse—. También

conozco vuestras intenciones. Venís aquí para tentar a Dios, al tiempo que proclamáis no creer en Él. Venís a desafiarlo a hacer un milagro cuyo objeto seáis vos. Estáis equivocado.

—Mis intenciones no son —prosigue don Ramón— tan necias como pensáis. Puesto que en verdad no creo en la existencia de Dios, no siento necesidad alguna de tentarlo. No deseo más que turbaros un poco, santo varón, mostrándoos desnuda una con-

ciencia que ignora el remordimiento.

Y con una voz tranquila, indiferente, sin añadir la menor fanfarronada, como si estuviera contando una novela de aventuras, don Ramón hace al monje blanco el relato detallado de sus seducciones, de sus duelos, de los asesinatos que ha cometido o hecho cometer por sus desenfrenos.

—Alto —dice de repente el monje blanco—. Hay entre vuestras

ruines historias una que me interesa más particularmente. Esa Inés de la que habláis, seducida por vos hace treinta años y abandonada encinta, ¿no era la hija de don Vicente de Felaniz?

Apenas ha respondido don Ramón que sí, sale el monje blanco del confesionario y le ruega que sea tan amable de acompañarlo a la sacristía, a lo que accede don Ramón. Una vez los dos en la sacristía, el monje blanco cierra con llave la puerta, agarra de las muñecas a don Ramón y le dice:

—Señor caballero, he vivido toda mi vida rezando, en la abstinencia y sufriendo austeridades a fin de llegar a ser, en la medida de lo posible para un hombre, lo que se llama un santo. Mis superiores, los fieles y, en fin y sobre todo, mi conciencia me honran creyendo que prácticamente lo he alcanzado.

»Bien —prosigue el monje blanco—, si el santo que soy se transformara bruscamente en un hombre capaz de odio y de venganza, ¿no pensaríais que se trataba de un milagro? Sí, ¿no es eso? Pues bien, ese milagro va a producirse, y vos seréis su objeto.

Sacudido por las muñecas, duramente, don Ramón intenta zafarse y, a la vez, comprender, pero el monje blanco lo sujeta con firmeza y le lanza a los ojos miradas de las que no están hechas para despejar la cabeza, pues esas miradas son miradas de loco.

—Señor caballero —continúa el monje blanco—, infame don Ramón, libertino de cincuenta años, seductor de doncellas, abandonador de muchachas encinta, incorregible pecador, alma incurable, que vas a morir en estado de pecado mortal, sabe que soy el hijo de Inés, ¡oh padre mío!

Y el monje blanco, el hombre de gran estatura, el rudo hablador de amplio y fuerte pecho, el vigoroso mozo de treinta años, tras poner a don Ramón de rodillas, le suelta las muñecas para apretarle de súbito la garganta y allí mismo, en la sacristía, ante el Cristo impasible, riendo, lo estrangula.

Juventud y madurez

BEATRIZ BASCO DÍAZ

La negrura del cielo se podía comparar con la oscuridad de la turmalina. Profunda y sin rastro de luminosidad.

Susurros de sábanas, cabello desparramado sobre la almohada, besos que sellaban un amor.

...

Era el día de Navidad del año de Nuestro Señor de 1746. Lentamente estaba amaneciendo sobre el promontorio imperial castellano. Las calles se hallaban iluminadas por farolillos, anunciando que se había celebrado la misa del gallo. A pesar de eso, las calles se encontraban desiertas. A excepción de una figura que descendía la cuesta hacia la Puerta de Bisagra. Era una mujer que mediaba la cuarentena y su cabello largo hasta las clavículas, lucía unas hebras que iban del gris oscuro al níveo impoluto. Su rostro aún no poseía los signos de la edad. Mantenía la lozanía de la juventud en sus mejillas redondeadas. Con paso firme se disponía a dejar atrás la otrora ciudad imperial para introducirse en los olivares rumbo al norte.

Con las primeras luces del alba, en una casa cerca de Santo Tomé, un joven de cabello castaño claro liso, escribía una carta a la luz de una vela que goteaba cera ensuciando la mesa. Iba ataviado con una camisa arremangada, por los codos, demasiado fresca para el invierno exterior, y unos pantalones de pana marrón, junto con unos botines de ante negro. Escribía con el ímpetu propio de la juventud, moviendo la muñeca lentamente, midiendo sus movimientos, haciendo una letra bellamente ornamentada. No estaba redactado en español, sino en la lengua de Shakespeare. Su mirada de un extraño color entre el verde y el azul turquesa delataba su origen extranjero, concretamente era escocés. Tendría unos veinticuatro años. Su nombre, David Kenneth McLaren, sonaba extraño en aquellas tierras castellanas.

Toledo, 20 septiembre 1746.
Estimada familia:
Les escribo para comunicarles que Kilian y el tío Liam partirán al norte de Italia y entregarán la carta al Papa pidiéndole ayuda para que Escocia vuelva a recuperar sus tradiciones. Luego me reuniré con ellos más adelante. El motivo de que no vaya con ellos es una muchacha. Es de Toledo. Se llama Leocadia. Su apellido es el nombre de la citada ciudad castellana. Tiene un cabello ondulado por los hombros que enmarca sus facciones. Me he establecido aquí. Trabajo en una herrería y fabrico espadas. Ojalá pudiera enseñarles algunas de mis creaciones. Me gustaría que estuvieran conmigo.
David Kenneth McLaren.

De repente, se oyó a alguien llamar a la puerta. Inmediatamente después, una joven de edad parecida entró a la estancia, humildemente amueblada por un escritorio y un par de sillas de mimbre. Poseía un cabello negro azabache, ondulado, y una tez morena enmarcando una mirada dulce castaña. Iba ataviada con un vestido de tela anaranjada que entallaba su enjuta figura.

—Ya se ha ido Eufemiana. Guillermina y Maximino se han ido a trabajar. Mi padre se preguntará dónde he pasado la noche. Volveré a mi casa —informó la joven morena acercándose al escribiente, al tiempo que le ponía la mano en el hombro afectuosamente.

—Sí. Seguro que lo encontrará. Se marchó hace tres días. El irlandés... Vaya intercambio cultural... No sabía que en estas tierras había tantos extranjeros. Te quiero Leocadia —opinó irónico, con un fuerte acento, poniendo su mano sobre la de la muchacha y expresando así el vínculo que los unía.

Leocadia Toledo era una joven huérfana de veintidós años. Su tío, Teófilo Toledo, el herrero de espadas, era quien había ofrecido un empleo al escocés, haciéndole aprendiz de su negocio. Un encuentro fortuito en la fragua los había unido, como si hubiesen estado predestinados a encontrarse.

—¿A quién va dirigida esta carta? —Quiso saber la joven morena, señalando la caligrafía ornamentada, sin comprender el mensaje escrito en otra lengua.

—Es para mi familia de Escocia. Kilian y mi tío se marcharán mañana al amanecer, rumbo a Italia. Todo esfuerzo es poco, con tal de restaurar las tradiciones en mi tierra —explicó sonriendo cordial a través de su mirada verdiazul, desprendiendo un semblante encantador hacia Leocadia.

—Hay demasiadas despedidas. Espero que lleguen sanos y salvos a su destino —opinó la novia de David, tomándole las manos cariñosamente.

Entretanto, el señor McLaren no se planteaba volver a Escocia, y en la misiva que acababa de escribir dejaba claro que no acompañaría a sus parientes a Roma a entregar la carta al Papa. En Escocia había tenido lugar la última batalla jacobita, siete meses antes. Aquello supuso terminar con las aspiraciones de restaurar la casa Estuardo en el trono británico, poniendo fin a las tradiciones escocesas, como el *kilt* o el *tartán*, siendo estos prohibidos por los ingleses. David recordaba el viaje que había realizado su padre, Aidan, para entregar una misiva. En el transcurso perdió dos de sus pertenencias más preciadas: un trozo de tela a cuadros azul y amarillo y un broche de cruz celta. Tiempo después los recuperó gracias a un viajero español, Jacobo Castellanos, el cual había sido edil en un pueblo.

...

El citado viajero vivía en una villa cerca de la antaño ciudad imperial, donde desempeñaba la labor de sacerdote. En la lejanía, a vista de pájaro, se podía observar una montaña testigo que parecía vigilar la planicie, sembrada de brotes verdes, sobre los que amanecía un día despejado de principios de invierno. Introduciéndose en el pueblo, cualquier visitante se podía encontrar con la torre de la iglesia de ladrillo rústico y planta cuadrangular. Mientras, en el interior del templo todo permanecía sumido en la penumbra de las velas titilantes. Las bóvedas de yeso blanco miraban calladas como un feligrés se aventuraba a entrar haciendo una genuflexión frente al altar, que poseía tres imágenes bellamente ornamentadas: un Cristo crucificado de madera pintada de una forma muy realista; a su derecha, San Juan Bautista con una aureola dorada que se veía mate dada la penumbra del templo; y al otro lado de la gran cruz estaba la imagen de la Virgen María, con expresión suplicante y sosteniendo a su hijo, un bebé envuelto en unas ropas impolutas.

Aquel silencio del amanecer del día de Navidad fue roto por unas voces procedentes de la sacristía, a la derecha del altar. En su interior, dos hombres que mediaban la cincuentena departían amistosamente. Uno de ellos poseía un acento que destacaba por ser extranjero. Tenía un cabello canoso que antaño habría sido rojizo. Iba ataviado con un grueso abrigo de paño pardo. Su rostro era peculiar a causa de unas manchas en la nariz puntiaguda que enturbiaban su blancura. Frente a él se encontraba el sacerdote, que había sido edil en su juventud. Su cabello se había tornado blanco níveo, y debido al frío que desprendía las gruesas paredes de piedra, su nariz había adquirido un color rojizo. Sus ojos castaños parecían desprender algo de ingenuidad, a pesar de la edad.

—Hoy hace años que no pude asistir a mi última misa del gallo. Me tropecé descendiendo una cuesta... Vaya pendientes más pronunciadas las de Toledo. Estuve tres años viviendo allí, pero es como si algo me atrajese a ir —explicó el hombre con un entusiasmo propio de la juventud.

—Andrew O'Sullivan, ¿te acuerdas de doña Eufemiana? Desde que te fuiste de Toledo le han pasado muchas cosas a esa pobre mujer. Le informé de tu visita. Quizá quieras verla —informó el sacerdote, haciendo aspavientos y provocando que la vela central amenazara con apagarse.

El señor O'Sullivan era un irlandés originario del Ulster que en su juventud había sido sacerdote en tierras españolas, concretamente en Toledo. Aunque lue-

go quiso, nostálgico, volver a su tierra.

—¿Doña Eufemiana? Sí, me acuerdo de ella. Está casada con Aidano Maren, el escocés. En su juventud era una mujer muy misteriosa. Caminaba sola por las callejuelas, sin rumbo alguno —opinó Andrew, de origen irlandés, acrecentando su acento.

—Está viuda. Se metió a monja, intentando buscar su lugar... Luego colgó los hábitos. Gracias que tiene a sus hijos. Su marido también tuvo hijos en su tierra. El año pasado vino uno de ellos, buscando a su padre, sin encontrarlo. En fin, han pasado muchas cosas desde que te marchaste. La he avisado de que vendrías a estas tierras — explicó el sacerdote Jacobo Castellanos.

En su juventud, Jacobo había viajado a tierras irlandesas y escocesas para devolverle a Aidan Mc Laren sus pertenencias más preciadas: un trozo de tela de tartán y un broche de cruz celta. Ironías del destino, ese extranjero se había casado con una toledana, doña Eufemiana Núñez. El señor McLaren había huido de tierras escocesas, dada su relación con los jacobitas. Decidió establecerse en Toledo y construir una nueva vida.

El rostro del señor Andrew O'Sullivan, sacerdote en su juventud, y fiel a sus antiguos votos, se tornó ligeramente sonrojado y se removió en su asiento, como si le viniese pequeño, el sitio.

—Me iré a comer a la posada. Volveré para la misa vespertina —afirmó el excura levantándose de la silla de mimbre dorado.

...

30 de noviembre 1746
Estimada doña Eufemiana Núñez:

Le escribo para comunicarle, que para fechas navideñas vendrá al pueblo Andrew O'Sullivan, amigo mío de la juventud. Puede que le agrade ver una cara conocida en estos días en los que nos reunimos amigos y familiares. Yo la considero una amiga, aunque nunca nos hayamos visto. La acompañé por carta en los momentos difíciles. Me gustaría que nos conociéramos.
Atentamente
Jacobo Castellanos.

Esta misiva era leída por una fémina de cabello canoso, liso hasta las clavículas. Su rostro expresaba cansancio por el largo camino recorrido. Los campos verdes de trigales eran los mudos testigos de la entrada al pueblo, del que era originario el remitente de la carta. La mujer recordaba cómo había conocido a Andrew O'Sullivan años atrás y sonrió nostálgica.

Estaba anocheciendo el día de Navidad del año de Nuestro Señor de 1746. Poco a poco, los viandantes se iban resguardando del frío helador, que calaba los huesos. Los gruesos muros de ladrillo y piedra de la iglesia de una villa cercana a Toledo, servían para protegerse de la gélida noche que se aproximaba. En ese momento, el cura del pueblo oficiaba la misa vespertina. Iba ataviado con una túnica blanca con ribetes de tela morada que le quedaba holgada para su enjuto cuerpo.

Lentamente se acercaba la hora de comulgar y los fieles se apresuraban a hacer una fila en dirección al altar, donde el Padre Jacobo sostenía la copa y las hostias que simbolizaban el cuerpo y la sangre de Cristo.

—Este es mi cuerpo, que será entregado por vosotros... —afirmó levantando el plato con las hostias consagradas.

—Esta es mi sangre, que será derramada por vosotros... —recitó alzando la copa de hojalata, al tiempo que bebía un trago.

Entretanto, una figura permanecía de pie frente a la puerta del pórtico, agazapada entre las sombras de una noche creciente

firme. Se dirigió a la sacristía, donde supuso que estaría el Padre Jacobo, tras buscarlo entre los escondrijos de las capillas de la iglesia.

Al cruzar el umbral, se encontró con dos hombres: uno era el sacerdote, que aún llevaba la túnica con la que había oficiado la misa, y el otro era el extranjero amigo suyo, antiguo cura de la catedral de Toledo.

La señora Núñez sonrió levemente al reconocer a este último, de facciones finas, afeitadas y cabello recortado canoso, aunque con ligeras arrugas en su frente y alrededor de los ojos de un castaño avellana.

—Padre Jacobo. Soy Eufemiana Núñez. Vengo de Toledo. Llevo todo el día caminando para llegar aquí —dijo la recién llegada, desabrochando el botón superior de su abrigo de paño oscuro casi negro, dejando ver un escote a la caja, que descubría un cuello terso, a pesar de no ser una joven.

—Encantado de conocerla, señora Núñez. Le presento a Andrew, o Andrés, como usted prefiera, Andrew O'Sullivan. Creo que se conocen, ¿no es así? —afirmó el cura, cordial, estrechándole la mano, al tiempo que el irlandés volvió la cara con una sonrisa tímida hacia la toledana.

sin luna. Su cabello canoso liso, cubría levemente sus mejillas redondeadas, como si quisiese ocultar su rostro.

Era Eufemiana Núñez, la cual acababa de llegar al pueblo de Jacobo Castellanos. Su semblante mostraba una palidez sin imperfección debido al frío invernal. Cuando acabó la misa y los fieles hubieron salido del templo, se aventuró a entrar con paso

«*Han pasado muchas cosas desde la última vez que nos vimos. ¿Te acuerdas de que te declaré mi amor antes de que te marcharas a Irlanda? Entonces aún estaba casada. Después me metí a monja, porque a pesar de tener dos hijos, ¿cuál era mi lugar?*»

—Sí, nos conocimos cuando era sacerdote, antes de que se casara con aquel escocés —expuso Andrew, estrechándole levemente la mano a modo de saludo y separándose inmediatamente.

—Andrew, han pasado muchas cosas desde la última vez que nos vimos. ¿Te acuerdas de que te declaré mi amor antes de que te marcharas a Irlanda? Entonces aún estaba casada. Después me metí a monja, porque a pesar de tener dos hijos, ¿cuál era mi lugar? Ya no era esa joven que conociste. Había perdido la juventud y al amor de mi vida. Te amo desde la primera vez que te vi, hace ya casi treinta años. Ya no eres sacerdote y yo no estoy casada. No hay impedimento para que estemos juntos. Te declaro mi amor como aquel día en el río antes de que te marcharas —expuso la toledana con voz entrecortada, expresando una gran admiración hacia el irlandés y decla-

rándole el amor que había callado durante años a ojos de los demás.

—Eufemiana, yo también estoy solo y por eso he vuelto de Irlanda. Allí ya no me queda nada. En realidad ,yo también te aprecio, pero ¿tú crees que estaría bien visto que un exsacerdote y una mujer compartieran casa? —opinó el señor O'Sullivan, levantándose para ponerse a la altura de su interlocutora. Mientras el Padre Jacobo miraba esperanzado tras haber juntado a dos almas solitarias.

—Podríamos empezar una nueva vida aquí, casarnos. En este pueblo nadie nos conoce, Andrew. Mis hijos tienen su propia vida en Toledo. Guillermina pronto se casará, tiene un prometido, y Maximino trabaja en casa del cardenal y no le faltará un techo donde cobijarse. Podemos ser como aquellos jóvenes que antaño fuimos. El destino nos ha vuelto a unir por alguna razón —opinó la señora Núñez moviendo las manos efusivamente, haciendo que su mirada se tornara vidriosa azul cristalina y conteniendo el llanto.

Había desvelado sus planes delante de un excura pero éste no se sintió contrariado ante las iniciativas de la mujer.

Dicho esto, la mujer se fue precipitadamente de la iglesia y el irlandés fue corriendo tras ella.

Cuántos encuentros de enamorados habrían tenido lugar entre aquellos muros sagrados. Las velas titilaban y los llantos eran los testigos de aquella que había sufrido por amor.

—¡Eufemiana, espera! —gritó el señor O'Sullivan haciendo que resonara su acento en todo el templo.

Cuando la alcanzó, se disponía a cruzar el umbral del pórtico y ella se detuvo al notar los pasos de su amado cerca.

—¿Por qué crees que volví a Irlanda antes de que Jacobo regresará de Escocia? ¿Por qué crees que dejé el sacerdocio? Fue por ti, Eufemiana. Despertaste en mí pensamientos impuros. Sentía atracción. Cuando te vi en el río aquel verano, cuando fui al obrador de mazapán —explicó mientras su mirada expresaba una amabilidad sincera.

—Podemos ir a Toledo para decirles la noticia a mis hijos. Estamos juntos. Ya no hay impedimento, Andrew —propuso Eufemiana, tomándole tímidamente las manos.

—De acuerdo, iremos a Toledo, pero nos instalaremos aquí —aceptó el irlandés sonriendo amistosamente.

Tras esta explicación, se miraron mutuamente unos instantes, antes de que sus carnosos labios se fundieran, sellando así dos almas que habían caminado sin rumbo durante su juventud y que ahora la fortuna les había dado una nueva oportunidad de encontrarse. Aquel beso se vio interrumpido por las palabras del Padre Jacobo Castellanos, que había abandonado la sacristía y se acercaba hacia ellos.

—Yo os casaré. En esta iglesia. Cuando queráis —informó entrelazando sus manos.

Entretanto, la noche se había cernido cubriéndolo todo con su oscuridad en aquel día de Navidad.

Al día siguiente partieron a la ciudad imperial galopando en dos caballos que les había prestado el alcalde del pueblo. El señor Castellanos le contó la buena nueva y éste se solidarizó con la situación.

—¿Desde cuándo se conocen? ¿El señor Sullivan fue cura en Toledo? Me suena que me lo comentó usted alguna vez —dijo el señor Santiago, alcalde de la villa toledana, mientras permanecía apoyado en su bastón frente a al señor Castellanos.

Se encontraban en el interior de la casa del alcalde, concretamente en el salón donde un fuego ardiente caldeaba la estancia. Los dos enamorados estaban esperando en la calle. Iban ataviados con gordos abrigos de paño en la noche invernal. De repente, la puerta se abrió y salieron los dos hombres al exterior.

—Está bien. Les dejaré dos caballos, pero necesito que los cuiden y los quiero de vuelta —afirmó el alcalde de piel arrugada y afeitada. Sus ojos claros le conferían una sonrisa amable, a pesar de mantener el índice alzado.

...

7 de octubre 1746
Querido David McLaren:
Hemos atravesado los Alpes y nos encaminamos hacia Roma.
La sequía aqueja estas tierras y apenas hay agua para los caballos.
Liam McLaren.

El citado escocés leía la misiva procedente de sus parientes.

También había recibido otra carta de su hermana, la cual le contaba la buena nueva de que había nacido un niño.

1 de octubre 1746
Querido hermano David:
Te escribo para decirte que he tenido un hijo al que llamaré Arthur, como su padre, el cual está desaparecido. Me temo lo peor. No lo he visto desde la batalla jacobita…-
Bridget McLaren Macmillan

—¿De quiénes son las cartas? ¿Qué cuentan? —se interesó una muchacha de cabello azabache y tez morena que entró en la estancia penumbrosa, únicamente alumbrada por el fuego de la chimenea. A pesar de estar anocheciendo, la viveza de la hoguera aportaba la luminosidad idónea para la lectura.

—He recibido unas cartas de mi familia. He tenido un sobrino. Mi tío y hermano se acercan cada día más a Roma —explicó sonriendo cordialmente a través de su mirada verdiazul.

—He hablado con mi padre y me ha dicho que quiere hablar con doña Eufemiana, dado que estuvimos juntos toda la noche y ella lo permitió —expuso Leocadia, tomándole las manos amistosamente.

Un golpeteo procedente de la puerta principal interrumpió la conversación. La insistencia de los golpes les obligó a acudir rápidamente.

—Vengan, ha habido un accidente. Un hombre ha sido coceado por un caballo. Está aquí —informó un joven de unos veinte años, señalando la plaza donde se veía el estropicio de manzanas tiradas por el suelo, mientras dos caballos marrones se las estaban comiendo. El hombre permanecía tumbado sobre el empedrado en mitad del mercado, junto a él, una mujer se mantenía de rodillas, desesperada, intentado que reaccionara, dado que se encontraba inconsciente.

David y Leocadia se acercaron lentamente y aceleraron el paso cuando se percataron de quién se trataba, al ver el rostro de piel pálida que intentaba reanimar al hombre. Era Eufemiana Nuñez, la toledana, que había dejado el pueblo de Jacobo Castellanos un día antes.

...

El cielo permanecía despejado en ese día de los Inocentes del año de nuestro Señor de 1746. Dos jinetes atravesaron la Puerta del Cambrón, hombre y

> **«El hombre permanecía tumbado sobre el empedrado en mitad del mercado. Junto a él, una mujer se mantenía de rodillas, desesperada»**

mujer respectivamente. Tendrían entre cuarenta y cinco y cincuenta y cinco años, pero sus siluetas cabalgando evocaban recuerdos de la juventud. La mujer poseía una piel tersa, a pesar de mediar la cuarentena, y su mirada cristalina parecía estar hipnotizada con las espaldas anchas de su acompañante delante de ella.

Según ascendían la cuesta embarrada que anunciaba la lluvia reciente, se encontraban con la bulliciosa judería, poblada por incontables viandantes. Repentinamente, uno de los caballos se detuvo frente a un puesto de manzanas carnosas rojas granate. El jinete, un hombre entrado en años, se dispuso a arrear al animal, tirando repetidamente de las riendas. El caballo se agitó molesto y de una coz derribó al hombre, provocando un ruido que rompía la tranquilidad callejera. Al escuchar ese ruido, la otra amazona se vol-

vió alarmada y desmontó rápidamente,

—¡Andrew! —gritó Eufemiana, arrodillándose sobre el empedrado sucio, sin importarle que manchara sus ropas.

...

—Ponedle, ahí, en la cama —ordenó la señora Núñez a los hombres que transportaban el cuerpo inconsciente de su amado, al tiempo que entraban en la casa, de donde habían salido David Kenneth y Leocadia, que miraban la escena callados.

Días después, el irlandés despertó extrañado y hablando en inglés, que intercalaba con el castellano. Alarmada, Eufemiana mandó a su hija Guillermina que avisara al escocés Maclaren, el único que entendía su lengua materna.

Éste se hallaba en el taller de forja del señor Toledo, padre de Leocadia, con el cual habían llegado al acuerdo de que se casaría con su hija.

—¿Qué ha pasado, Guillermina? —Quiso saber el joven de cabello recortado y mirada verdiazul, según descendían la cuesta empedrada hacia Santo Tomé.

—Andrés ha despertado, pero no le entendemos. Habla en inglés y mezcla palabras en castellano —informó al tiempo que aceleraba el paso antes de dejar atrás la catedral de formas góticas.

El panorama penumbroso del interior de la habitación acrecentaba el poco entendimiento entre los presentes en la estancia, donde se encontraba Andrew O'Sullivan, antaño cura de la catedral primada. Hablaba en su lengua materna con el escocés. Los toledanos se mantenían concentrados en una conversación ininteligible.

—Le estoy explicando que tuvo un accidente y que por eso no recuerda bien hablar en castellano. Le he dicho que yo le volveré a enseñar. También pregunta quiénes sois vosotros y en qué ciudad se encuentra —afirmó el señor McLaren mirando a Eufemiana y a sus hijos, que mantenían una mirada seria y expectante.

Una caída fortuita había provocado que su amado Andrew se deshiciera de todo lo que vivieron años antes, disolviendo sus sentimientos entre la amnesia y el olvido. El tiempo decidiría si se retomarían aquellos afectos.

● ● ●

Verraco empotrado en los muros visigodos de San Pedro de la Mata

ALEJANDRO VEGA MERINO

Gracias a un artículo del historiador Fernando Jiménez de Gregorio en el periódico *La Voz del Tajo*, en la sección «Caminando por los Montes de Toledo y la Sisla (IV)», con fecha 19 de octubre de 1985, conocemos la exis

tencia de este verraco. Hemos visitado el lugar y encontrado indicios que nos llevan a sospechar de la existencia de otros.

Lo más sorprendente es que se encuentra embutido en el muro exterior sureste de la iglesia visigoda de San Pedro de la Mata

(Casalgordo, a 36 km al sur de Toledo, en la comarca de la Sisla Mayor).

Llegamos a este vestigio desde Mazarambroz, por la senda de la Gitana y el camino de Peña el Rayo, hasta encontrarnos con los restos.

Desde aquí, siguiendo la senda del Fraile, se llega hasta el Castañar. Estos lugares al norte de los Montes de Toledo debieron ser usados antiguamente por los suidos (toros y verracos) como descansadero invernal por sus fértiles pastos y abundantes aguas. Al llegar la primavera o el verano se trasladarían a la meseta norte.

La zona sería un cazadero prehistórico e ibérico a tenor de la concentración de verracos, como comprobaremos en próximos artículos.

Consideramos importante auxiliarnos de la toponimia y recordar que junto a las ruinas de San Pedro de la Mata pasa el arroyo Colmenarito (que hace relación a las abejas), y muy cerca se encuentran los arroyos del Cochino (jabalí) y de Vallehermoso, antes denominado de la Cañada, según las *Relaciones de Felipe II* sobre el Reino de Toledo (1576).

En fin, centrémonos ahora en este toro, que sería tallado aquí como una deidad protectora, puesto que los animales proporcionaban alimento a quienes habitaban estos parajes.

Más tarde, este lugar protector y sagrado desde tiempo ancestral conservó este valor ya en el culto cristiano, absorbiendo antiguas creencias y energías.

Según las mismas *Relaciones de Felipe II*, entre las ruinas del templo fue hallada una placa, hoy perdida, que decía «Bamba me

ARAS

CAZOLETA
SACRIFICIOS

fecit». Si esto fuera cierto, este rey visigodo habría mandado construir la iglesia de San Pedro de la Mata en la segunda mitad del siglo VII. Algunos de los restos visigodos encontrados aquí se encuentran custodiados en el museo visigodo de Arisgotas.

En las ruinas que han llegado a nosotros vemos que sus muros se asientan sobre una extensa lancha de granito gris rebajada. Entre los sillares que conforman sus muros (de cuarcita, mampuesto y sillarejo) se encuentra este suido, testigo del antiguo asentamiento, descrito Jiménez de Gregorio y recordado por el profesor Salvador Peces en su blog *Sonseca en el Zurrón*.

La pieza a que nos referimos está empotrada y pertenece a un suido ya sin cabeza para no sobresalir del muro. Por su tamaño y los restos que aún conserva en

su torso, como la papada y sus patas delanteras, nos hace pensar que perteneció a la figura de un toro.

Aparece ensamblado en el exterior del testero derecho, pegado al ábside central de la iglesia. Resulta curioso también que se grabara también en él una cruz, seguramente para sacralizar una antigua talla profana.

Queremos también resaltar como hecho relevante que frente a la figura, a escasos metros, se encuentra el alzado alisado de su ara o templete. Posiblemente, la imagen estuvo allí asentada primitivamente cumpliendo su labor apotropaica.

Pegado a él también se observa otro alzamiento, y muy cerca el ara sagrada o cazoleta de los sacrificios, que servía para la matanza del animal después de su caza.

DIEZ ESCULTURAS TOLEDANAS QUE HAS VISTO MUCHO, MIRADO POCO Y CONTEMPLADO NADA

Jesús Muñoz Romero

Un recorrido por el Casco Histórico de Toledo para contemplar despacio diez esculturas de escultores vivos

Ficha técnica:
Título: Diez esculturas toledanas que has visto mucho, mirado poco y contemplado nada
Autor: Jesús Muñoz Romero
P.V.P.: 10 euros

A menudo, el tráfago de los trabajos y los días no nos permite detenernos a contemplar las maravillas que se muestran en cualquier parte. Para ser poeta no hace falta domeñar el pincel o la pluma, basta con ser sensible a la belleza. Hay poesía en una hoja que se desliza lentamente de una rama al suelo, en los labios de dos enamorados y, desde luego, en las manos de los poetas y los escultores, que dan forma en el mundo a la obra de Dios. Merece la pena, por tanto, detenerse un instante a mirar lo que vemos y no atendemos. Detenerse mañana es tarde, mañana diremos que mañana para lo mismo responder al día siguiente.

En este libro, el autor propone un recorrido por diez esculturas del casco histórico de Toledo. Tiene la particularidad de que no hace una simple descripción artística, sino que en un lenguaje semiliterario también evoca las sensaciones que le producen la contemplación de las obras. A esto hay que añadir la aportación definitiva de los diez artistas, todos vivos y activos, que conocen mejor que nadie la intrahistoria de su creaciones.

Ficha técnica:
Título: Leyenda de Atalo, héroe toledano y cuatro relatos por añadidura
Autor: Jesús Muñoz Romero
P.V.P.: 10 euros

Escasamente conocida, *la Leyenda de Atalo, héroe toledano* está ambientada en época roma-

LEYENDA DE ATALO TOLEDANO
Jesús Muñoz Romero

Clásicos toledanos

CASITA DE PAPEL

ÁNGEL LUIS MORAGA

na y narra las aventuras guerreras y desventuras amorosas de un hombre de esta tierra. El libro se completa con cuatro relatos heterogéneos más, uno épico-surrealista, otro pseudo-histórico, un tercero que parece haber sido escrito en pleno delirio y el último de carácter social.

Ficha técnica:
Título: Poesía diaria y necesaria
Autor: Javier Caboblanco
P.V.P.: 10 euros

Este libro es un diario de sensaciones y acontecimientos, un álbum de imágenes diversas, de noches, de nubes, fríos, sentidos, recuerdos, deseos..., en fin, un año de poemas. Doce meses de sentimientos, trescientos sesenta y cinco días vistos con los ojos del asombro de estar vivo. Haikus, senryus y zappais para explicar lo que significa vivir en busca de la belleza.

Ficha técnica:
Título: La casita de papel
Autor: Ángel Luis Moraga
P.V.P.: 25 euros

La casita de papel narra la historia de dos siglos cargados de miseria y prosperidad por igual y la de una familia cuya vida corre paralela a los hechos de esta época portentosa, explosiva, cruel, dramática y llena de cambios sociales. Desde el reinado de Isabel II hasta el período de la transición, pasando por la guerra civil y la dictadura franquista, el lector encontrará en estas páginas la dimensión humana de un país tumultuoso y de unos personajes inolvidables. Una novela que nos transporta a los días de bandolerismo, a los míticos enclaves coloniales donde tuvieron lugar las guerras de África o al panorama de incultura que caracterizaba al campesinado a principios del siglo XX en nuestro país.

Con sentimiento, ternura, dureza, amor y memoria, estas páginas componen un panorama literario cargado de dramas, pobreza, represión, violencia y clases sociales. Pero también de esperanza, cariño, humildad, fraternidad y aquellos valores que una familia unida puede llegar a forjar por encima de todas las cosas.

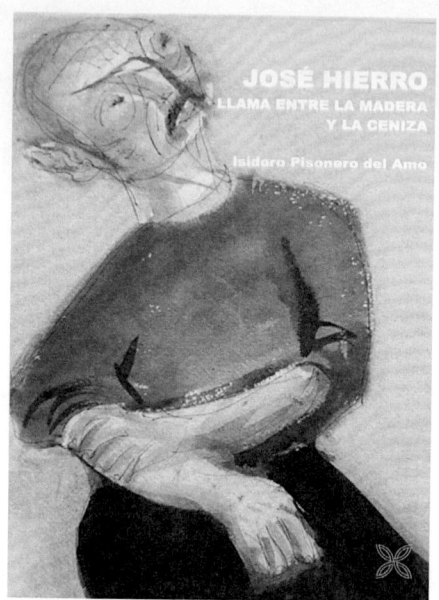

Ficha técnica:
Título: José Hierro, llama entre la madera y la ceniza
Autor: Isidoro Pisonero del Amo
P.V.P.: 20 euros

José Hierro (1922-2002). Cordial y reservado, generoso sin límites, poeta de la precisión y del ritmo, maestro de la ironía, sutil evocador de los efectos devastadores del paso del tiempo y de la presencia inevitable del pasado en nuestras vidas, defensor de la dignidad de lo humilde, Hierro es una de las voces más significativas de la poesía española de posguerra.

Sus poemas, a la vez íntimos y universales, han logrado cincelar con mesurada nostalgia un perenne monumento al tiempo que se nos escapa irreparablemente y a la vida rutilante consustancial a los seres humanos, henchida de anhelos y temores, a la vez que nos permiten revivir muchos «instantes eternos», fruto de nuestro luminoso presente, «llama entre la madera y la ceniza».

Ha sido reconocido con los más prestigiosos galardones poéticos, Premio Príncipe de Asturias de las Letras (1981), Nacional de las Letras Españolas (1990), Reina Sofía de las Letras Iberoamericanas (1995), Miguel de Cervantes (1998) e Internacional de Poesía Miguel Hernández (2000). Sus deslumbrantes versos siempre formarán parte de la historia de la poesía y de nuestras vidas.

1.- «Cuatro Calles» está abierta a recibir textos para su publicación, sin otro compromiso que la entrega al autor de un ejemplar del número en el que aparezca su colaboración publicada.

2.- Los trabajos deberán versar sobre temas relacionados con la cultura en sus diversas manifestaciones, la historia o el patrimonio artístico y documental de la ciudad de Toledo, su provincia y ámbito de influencia histórico. Serán inéditos y estarán redactados en un lenguaje claro, que pueda ser entendido con facilidad por un público no necesariamente especializado.

3.- No se admitirán notas a pie de página. Podrá incorporarse una breve bibliografía al final del trabajo.

4.- Junto al texto se aportarán, en archivos aparte, fotografías, dibujos y cuantos elementos gráficos se estimen necesarios, así como los correspondientes pies de cada uno, nombres de sus autores o procedencias. El autor del trabajo se hace responsable de que dichas imágenes no estén sujetas a derechos de autor.

5.- Los textos, con título y firma del autor, tendrán una extensión máxima de diez folios. Estarán escritos en formato Word, fuente Times New Roman, tamaño 12 puntos, interlineado sencillo. Las citas textuales irán en cursiva y entrecomilladas. Los títulos de obras que se citen, así como las palabras o frases que expresen términos desusados, en otro idioma, que impliquen un doble sentido o por cualquier otro motivo que se considere necesario, irán en cursiva. No se utilizarán negritas, ni subrayados.

6.- La Dirección de la revista decidirá la conveniencia o no de la publicación del trabajo y se compromete a borrar todos los archivos de los originales no aceptados para su publicación. La Redacción se reserva la posibilidad de hacer correcciones de tipo gramatical o sobre el uso de términos en mayúscula que no sean adecuados según las normas de estilo.

7.- Las colaboraciones se enviarán por correo electrónico a info@editorial-ledoria.com.

BOLETÍN DE SUSCRIPCIÓN

Si está interesado en suscribirse a la revista **Cuatro calles**, por favor, rellene este formulario y háganoslo llegar por correo electrónico a *info@editorial-ledoria.com* o por correo postal a *Editorial Ledoria, calle Fuente del Moro, 6, 45006, Toledo*

Nombre y apellidos / Entidad _____

Dirección _____

Código Postal _____

Localidad _____

Provincia _____

Correo electrónico _____

Teléfono _____

Deseo suscribirme a la revista **Cuatro calles** por un período de (marque con una **X** la opción elegida):

Suscripción 4 números por un total de 22 euros ☐

Números atrasados, 5 euros (indique cuáles) ☐ ☐ ☐

* Los gastos de envío están incluidos

El pago se realizará mediante ingreso o transferencia a la cuenta que le transmitiremos al recibir su solicitud o por Bizum.

En ningún caso se destinarán estos datos a otros fines que no sean los de recibir las publicaciones reseñadas, ni se entregarán a terceros, de acuerdo con los principios de protección de datos de la Ley Orgánica 15/1999 de 13 diciembre, de regulación del tratamiento automatizado de los datos de carácter personal.

Publicación del próximo número: A partir del 1 de junio de 2024